THE JAPANESE ASSOCIATION FOR THE STUDY ON ISSUES OF PERSONS WITH DISABILITIES

全障研第56回全国大会 報告集

みんなのねがい1月臨時増刊号

JN072672

2022年8月6日(土)〜7日(日)
兵庫（オンライン）

開会全体会　ハイブリッド開催
分　科　会　オンライン開催
学　習　講　座　オンデマンド配信

全国障害者問題研究会

第56回全国大会　報告集　CONTENTS

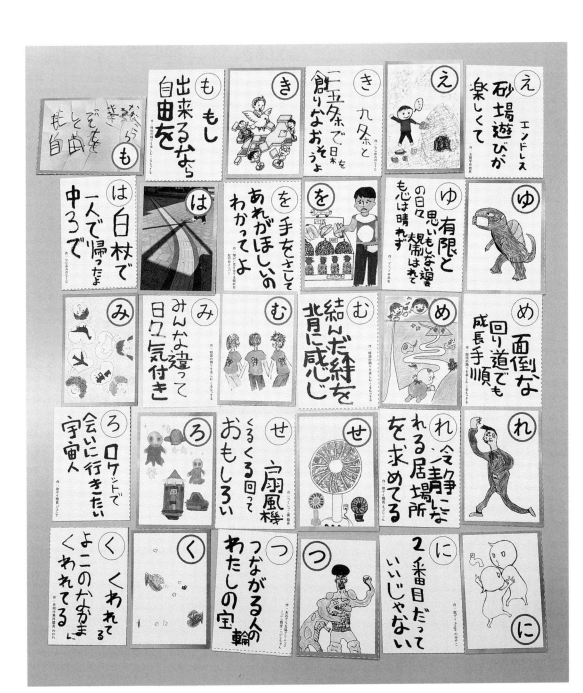

困難と制約は多くても
大会テーマに込められたねがいを
実現できる大会に

全国障害者問題研究会　全国委員長　**越野和之**

　全国障害者問題研究会第56回全国大会にご参加いただいたみなさん、ようこそいらっしゃいました。会を代表して、みなさんに心からの歓迎のことばを申し上げます。

　兵庫支部のみなさんに全国大会開催を打診したのは今から3年前、2019年の長野大会でのことでした。今年と同様に大変暑い夏、やっとの思いで会場にたどり着いた兵庫支部の仲間たちに、3年後の全国大会の開催をお願いしました。その時には、その後の3年間のことを予想した人は誰ひとりいなかったと思います。

　東京オリンピック・パラリンピックが予定された2020年、オリパラの混乱を避けて9月に北海道・旭川で開催を予定した全国大会は、春からの新型感染症の影響で開催を断念、私たちは1日だけのオンライン集会を開催しました。翌2021年、「経済を回す」などのかけ声の下、オリパラは、デルタ株という名の変異株の猛威のなか、1年遅れで強行されましたが、私たちは静岡で準備していただいた全国大会を、完全オンラインで2日間にわたって開催しました。兵庫のみなさんが、本日に向けて取り組んでいただいた3年間は、そのままコロナ禍と呼ばれる巨大な社会的危機の3年間に重なることになりました。

　今大会のテーマは「久しぶりに話そうや、私たちのねがい」。ここには、この大会に寄せる大会準備委員会のみなさんのねがい、そのねがいに共鳴して今大会に集ってくださったみなさんのねがいが、ことば通りに表されています。

　3年にもわたる困難と制約の多い毎日の生活のなか、その影響をより強く受けやすい状況に置かれている障害のある子どもたち、仲間たちやその家族のねがいを聴きとり、諸権利と人間らしい発達を保障するために、目の前の状況に対してどう取り組んだらよいのか。こんなふうに取り組んでみたけれども、もっとよい取り組み方はなかったのか。こうしたことはしてはいけないと言われるけれど、子どもたち、仲間たちの人間らしい暮らしと発達を保障するために、どんな取り組み方があるだろうか。このようにして重ねられた日々の生活と実践のなかでの苦労を語り合い、ねぎらい合うこと、そうした工夫や苦労のうちに込められたねがいを話し合い、聴き合って、明日からの実践と運動の展望を拓くこと。今大会のテーマには、こうしたねがいが込められていると私は思っています。

　第7波と言われる過去最大の感染症の拡大によって、こうしたねがいを直接対面で実現するには、まだまださまざまな制約のある大会になりましたが、私たちが掲げたテーマに心を寄せて、全国各地に設けられた小さな会場や、職場、自宅などから、大勢の仲間がオンラインでつながって今日を迎えました。3年間にわたって準備を進めてくださった大会準備委員会のみなさんに心からの感謝と連帯を申し上げるとともに、参加されたみなさんの力で、大会テーマに込められたねがいを実現できる大会にしていただくことをお願いして、あいさつに代えさせていただきます。

学びあい　発達保障の輪を広げましょう

全障研第56回全国大会（兵庫）　準備委員長　**木下孝司**

　第56回全国障害者問題研究会全国大会にご参加のみなさん、多くの方々のご参加をお礼申し上げます。兵庫支部での開催は、養護学校教育の義務制実施10年目の第23回大会（1989年）、阪神・淡路大震災から５年目の第34回大会（2000年）に続いて、３回目となります。

　新型コロナウイルスの世界的な感染拡大はまだ終息の見通しはもてず、それまでのさまざまな社会的矛盾が、このコロナ禍のもとでよりいっそう顕在化してきています。そして、さらにロシアによるウクライナ侵攻という暴挙によって、多くの市民が犠牲になっています。戦争というのは、人間の命と発達をないがしろにする最大の暴力です。断じて許すことはできません。

　戦争や社会に潜む構造的な暴力は、人びとを分断し、憎しみを助長します。そうした動きに抗するためにも、『みんなのねがい』の表紙写真で、大切なメッセージを届けていただいている安田菜津紀さんのお話を多くの方と共有したいと思います。この間、海外での活動を再開されたとのことで、本日のお話をたいへん楽しみにしております。また、堀木訴訟から始まり、今日、優生保護法被害に関する裁判を牽引されている藤原精吾弁護士には、特別報告と学習講座をご担当いただき、自己責任論や優生思想を乗りこえていく視点を学んでいきたいと思います。

　この２年間、いろいろと制約の多い状況で、みなさん、実践してこられています。今まで通りのことができないなかで、「何ならできるか」と、さまざまな工夫をしながら日々の実践を展開されていることを、昨年度の大会分科会で知ることができました。あらためて、行事の意味を問い直したり、毎日の実践を発達的視点から見直すことも、各地でなされていると思います。

　他方で、日々の忙しさに追われて、子どもや仲間のこと、実践のことを話し合う時間が全体に少なくなっていないでしょうか。話すことは、問題を「離す」、つまり、実践や子育てがうまくいかないで抱えているモヤモヤ感から距離をとって、ほっと一息つく効果があるように思います。分科会では、地域や職種を越えて、子どもや保護者、あるいは実践者のねがいをたっぷり話し合いましょう。学習講座はオンデマンド配信ですので、みなさんのご都合にあわせて、途中で動画を止めて考えたり、一緒に視聴している参加者の方とおしゃべりしながら学んでください。

　直接集まるのが難しいなか、準備委員会のメンバーは、参加者の方がねがいを語り合う場をつくるための努力をしてきました。全国事務局のみなさんの支援のもと、全体会の持ち方をはじめ、いろいろと意見を交わし、今回の形となりました。文化交流企画では、県内の一人ひとりの思いを短い文と絵で表現したカルタを作成し、「この思い、わかるなあ」と全国のみなさんとつながれたらと思います。お楽しみください。

　至らないところもあるかと思いますが、参加されるみなさん、各支部のみなさんのご協力のもと、大切な学びを継続できることを願っております。

力を合わせ、障害者の権利と発達の保障を

障害者の生活と権利を守る全国連絡協議会　会長
新井たかね

　全国障害者問題研究会全国大会が56回を重ねて開催されますことに、心からの敬意と感謝を申し上げます。障害者の生活と権利を守る全国連絡協議会を代表いたしましてご挨拶させていただきます。

　全国から一堂に集まっての開催が叶わなかったことは本当に残念ですが、各地でパブリックビューイングの準備もされ、今日に臨まれておられるとお聞きします。日頃の実践を大いに学び合い、議論し合い、実り多い大会になることを心から願っております。

　ロシアのウクライナへの侵略戦争が、あっという間に始まり、すでに半年近くになります。停戦の糸口がみえず、やり場のない憤りのなかで、「死にたくない」と涙をボロボロこぼしながら訴える、ウクライナの少女の姿が目に焼きついてはなれません。障害のある人たちも、あの砲弾の下、どんな状況のなかで、どんな思いでいるだろうかと胸が潰れる思いです。

　戦争をいったん始めてしまえば、止めることがどれほど大変なことか、そのことを思い知らされている毎日のなか、日本国憲法が、憲法9条が、どんなに現実的であるかということを、そして守り抜かなければならないかということを、そのことを強く思う毎日です。

　参議院選挙の結果に乗じ、憲法を変える動きが顕著になってきました。私たち障全協が6月末に行った省庁交渉で、厚労省から「社会保障の基本は自助、共助であり、公助はそれを補完するもの」との発言がされました。「憲法のどこに、そう書いてあるのか」と私たちは厳しく詰め寄りました。4月に行った交渉の際も、私たちと国が約束した公文書である「基本合意文書」も「骨格提言」も、憲法に次ぐ「障害者権利条約」についても「読んでいない」等と、回答する場面もありました。また、交渉の度に枕詞のように「財政難の折」と言い、私たちの命と人権に関わる切実な訴えに耳を傾けようとしない、その国が、国会での議論もせずに「軍事費を2倍にする」と明言しています。さらに、自立自助を強要する政治の中心を担ってきた人を「国葬」にすると閣議決定する等、民主主義とは相容れないこの国の政治体制に対し、私たちはどう向き合っていくのか、この時代に生きるものとして厳しく問われているように思います。

　『障全協50年のあゆみ』を改めて開いてみましたところ、1967年7月31日、東洋大学を会場に全国から400名を超える参加者が集い、「教育を受ける権利を奪われることは、人間としての権利を奪われることだ」との共通認識に立ち、「障害者の権利を守り、その発達を正しく保障するために、理論と実践を統一的にとらえた自主的・民主的研究運動を発展させる」として全障研が結成されたと記されており、胸を熱くしたところです。

　障害者の権利保障の研究と運動の両輪を全障研のみなさんと担ってきた私たち障全協も、この誇り高い出発点に改めてしっかりと立ち、ご一緒に力を尽くしたいと思います。

　大会のご成功を心から願いご挨拶といたします。

オープニング

「こるもっきる」

8／6（土）12：50〜13：00（動画配信）

　オープニングで登場した兵庫の「こるもっきる」です。私たちは、障がいのあるなしにかかわらず、すべての人がここにいていいと思える空間をめざしています。

　「こるもっきる」は、韓国の伝統打楽器を楽しむ団体です。主にチャンゴという打楽器を使います。チャンゴは、日本の太鼓のような形をしていて、胴には羊、馬、牛などの皮が張られています。宮廷音楽から民衆の音楽まで、幅広く使われています。みんなで輪になったりくるくる回ったりして、大きく体を動かしながら演奏するのがとても楽しい楽器です。

　「こるもっきる」の練習や見学にいらっしゃる人は、地元の小学生や中学生から特別支援学校生とその家族、韓国が好きな人、人との出会いやつながりを求めている人、体を動かしたい人、楽器をしてみたい人など、理由も年齢も国籍も職業もさまざまです。障がいがある人もない人もいます。普段は公民館などで練習をしていますが、"気軽に来てもらえたらいいな""毎回ではなくても来たい時に来てもらえたらいいな"という雰囲気でやっています。

　人と人とのつながりを大切にしています。「誰かに会いたいな」「元気をわけてもらおうかな」そんな気持ちごと包み込んで受け入れてくれる仲間たちです。今はコロナ禍のため練習のみですが、普段は外部のイベントや施設におもむき、演奏活動をしています。

全国障害者問題研究会

第56回全国大会（兵庫）基調報告

常任全国委員会

はじめに

新型コロナウイルスの世界的な感染拡大から2年以上が経ちました。コロナ禍といわれる社会状況は、私たちの生活や行動、人とのかかわりを大きく変化させ、暮らしや子育て、教育、労働を制約してきました。その影響は、障害のある人とその家族の暮らしにいっそうの困難をもたらし、保育・教育・福祉現場に疲弊と苦悩を招いています。

『みんなのねがい』2022年2月号の特集「新型コロナ禍から2年〜これまでとこれから」で、京都の池添素さんは、働きながらシングルで障害のある2人の子どもを育てるお母さんからの相談を紹介しています。お母さんは、感染拡大が収束してからも在宅勤務が続いているため、「子どもと過ごす時間が格段に増え、イライラしてよくないことばかり」「誰かと会って話したい！」と話してくれたそうです。「誰かとしゃべりたくて、聞いてほしくて」というのは、障害のある子どもを育てる保護者の多くがもっている切実なねがいです。日々の悩みごとや子どもの困りごとなどを誰かに聞いてもらうことで、子育てに向き合う力を得ている保護者もたくさんいます。人とのつながりやかかわりが大きく制約されるなかで、保護者が「困っている」「助けてほしい」という声を上げづらくなっていないか、また支援する側もそうした保護者のSOSを聴きとりにくい状況が放置されていないか、確かめ合うことが必要です。

この2年余りの教訓が活かされないまま、感染拡大のたびに事業所や家族にケアの責任が押しつ

けられてきました。感染を抑え込むために行動を制限することは、障害のある本人と家族に大きな負担をもたらす場合があります。医療体制が逼迫するなか、障害福祉行政の現場で住民の命と健康を守るために奔走してきた二見清一さんは、障害のある人の「日々のくらしを大切にする視点」をもった感染症対策が必要であるといいます（『みんなのねがい』2022年2月号）。

2022年2月、新型コロナウイルスのオミクロン株による感染が広がり、障害の有無にかかわらず、すべての人の命が守られ、安心して暮らすことのできる社会の仕組みを作り出すことに知恵と力を結集することが求められたこの時期に、ロシアがウクライナに軍事侵攻し、多くの市民が犠牲となりました。反戦平和と停戦を求める声が世界をかけめぐるなか、全障研の常任全国委員会は、2022年3月10日に声明「ウクライナにおける武力行使と戦争に反対し、障害のある人と家族のいのちと安全を守ろう」を発表しました。

しかし、日本政府は、この国際危機に乗じて「非核三原則」を捨て軍事費をGDP比2％に増強する方向を打ち出しています。さらにこれに同調する勢力とともに、「核共有」を主張し、憲法9条改正を強引に進めようとしています。唯一の戦争被爆国であり、憲法9条をもつ日本には、戦争の停止と平和の実現に向けた国際的な共同を進める役割が求められています。武力で平和は実現しません。戦争は障害のある人びとのいのちと暮らしを脅かします。政府が求める防衛費倍増は「自助」・「共助」を推し進めて社会保障費を削減する動きと一体であり、この動きを許せば、障害のある人びとの生活はいっそう不安定になります。

いまだ感染の収束が見通せず、物価も高騰し、日々の生活を成り立たせることに多くの困難が押し寄せるなか、障害のある人と家族が安心して暮らすことができるよう懸命の努力が各地で重ねられてきました。そして、多くの人が、毎日伝えられるウクライナの人びとの厳しい状況に心を痛めながら、自分たちに何ができるのかと逡巡しています。すぐには解決の糸口が見えないこれらの問題に向き合い続けるためにも、私たちは、目の前にある事実から出発し、日々の暮らしや実践のなかで感じたこと、考えたこと、思っていることを手放さず、一人ひとりのねがいや悩みを自由に話し合うことを大切にしたいと思います。

　私たちにとって、目の前にある実態やねがいをみつめ、実践や運動のなかに問題解決のすじ道を見出していくための道標が、日本国憲法と障害者権利条約です。旧優生保護法にもとづく強制不妊手術をめぐる国賠訴訟では、大阪高裁（2022年2月）と東京高裁（同3月）はともに、旧優生保護法の違憲性を認め、20年の除斥期間の適用は著しく正義・公正の理念に反するとして、国の賠償を命じる画期的な判決を下しました。また、65歳になると障害者総合支援法による支援を打ちきり、介護保険適用へと強制的に移行させることは、障害のある人を年齢で差別し、憲法25条が保障する生存権を奪うものだとして、制度の改善を求める「天海訴訟」が東京高裁で闘われています。これらの裁判闘争は、日本国憲法に依拠しながら、障害のある人の尊厳と権利を取り戻そうとする闘いです。そうしたねばり強い闘いにも学びながら、障害のある人びとの暮らしを障害者権利条約にふさわしいものにしていくための多面的なとりくみが求められます。

　障害者権利条約をめぐっては、新型コロナウイルス感染拡大の影響により延期となっていた日本の審査が2022年8月に開催される予定です。今回示される「総括所見」を日本の障害者政策の未来を拓き、障害のある人びとの権利保障を前進させるための手がかりとしていく上でも、みんなで語り合い、学び合うことでねがいを掘り起こし、そのねがいの実現に向けたすじ道を明らかにする研究運動が求められます。

　今大会のテーマは「久しぶりに話そうや、私た

【読み札】飛び出すよ　ぼくは急に　止まれない

ちのねがい」です。私たちの身近なところにある問題やねがいは、権利保障のための歴史的な努力と国際的な動きと深くつながっています。日本国憲法と障害者権利条約を手に、多くの人たちが集い、実態を出し合い、ねがいを大いに語り合い、私たちの足元に芽吹いている発達保障、権利保障の取り組みを大きく育てていきましょう。

I　乳幼児期の情勢と課題

（1）子どもに合った生活を

　全障研の結成間もない1970年代、高度経済成長が終焉を迎える中で、住まいや遊び場の貧困が指摘され、科学技術の導入とひきかえに自然と人間の関係が壊され、子どもの生活が解体され、発達の土地を耕す時間も仲間もなくなっていないかと問題が提起されました。50年経った現在、さらなる資本主義の利潤追求のために、情報通信機器の拡大、遊び場や交流の場の減少、そして気候変動により、子どもたちの発達の土壌はさらに貧しいものになっていないでしょうか。「暑すぎてプールに入れない、さんぽに行けない」「ゆたかな四季を感じられない」といった状況は年々深刻化しています。さらに、障害のある子どもをもつ保護者は、「すみません」と謝らざるを得ないわが子のふるまいに公園や公共の遊び場に行くのもためらい、地域の子どもたちと遊ぶ機会を失っています。親子で孤立させられているのです。

長引くコロナ禍のもとでの生活はこうした状況にさらに追い打ちをかけました。触れ合って遊べず、おとなもマスクをとって一緒にごはんを食べたり笑い合う経験をつくりづらくなっています。実践現場では、「なんとか、子どもたちにゆたかな経験をしてほしい」と工夫を凝らしていますが、時間、空間、集団の解体はその度合いを強めています。

人と人とが触れ合う関係、自然やいのちのきらめきとの出会い、子ども自身が「これはなんだろう」「やってみたい」と心を動かしながらゆるやかに続く生活や遊び、そしてそのようなかけがえのない時間を一緒に過ごす仲間。子どもの生活や発達にとってなにが大事なのか、実態と実践を出し合い、語り合いながら考えていきましょう。

（2）障害・子育てを自己責任にしない
社会に

乳幼児期の子どもたちの発達保障の場や実践を考える際、昨年秋に行われた「障害児通所支援のあり方に関する報告会」の報告、2022年6月に国会で決まったこども家庭庁の設置、こども基本法の制定、児童福祉法改正などに見られる政策の動向に注目する必要があります。

2023年4月、こども家庭庁の設置がスタートします。障害児支援が厚労省からこども家庭庁に移管されます。障害があっても「子どものことは子どもの部局で」という私たちの声が届いたかに見えます。一方で、こども家庭庁推進を掲げた閣議決定「こども政策の新たな推進体制に関する基本方針」では、必要な財源について「社会全体での費用負担の在り方を含め、幅広く検討」すると提案しており、子ども保険の導入を検討しているとも考えられます。また、「基本方針」には、「保護者が子育ての第一義的責任を果た」すという表現もみられます。ここには、子育てへの公的責任を回避しようとする政府の従来からの姿勢が表れています。障害があることによって生じる特別な支援に自己負担を強いることはおかしいと訴えてきたことに立ち返って、こうした動向を厳しく批判していく必要があります。子育ての負担や障害があることを自己責任に帰さない、地域や社会でと

もに安心して子育てをしていける仕組みづくりが求められます。

こども基本法も制定されました。基本法自体は子どもの権利条約批准以来、長く求められてきたものですが、このたびの基本法は、条約に明示された諸権利を誠実に遵守するものにはなっておらず、国内外の子どもを守る取り組みの上に積み上げられてきた発達への権利が軽視されていると言わざるをえません。常任全国委員会は、5月、真に子どもの発達と権利を保障する法を求めて声明「日本国憲法と子どもの権利条約を遵守し、子どもの発達の権利を真に保障する基本法を」を出しました。

（3）子どもの発達を保障する普遍的な
仕組みを

障害種別ごとの施設が再編されて10年、地域差はありつつも児童発達支援事業所は急増しています。そういった現状を踏まえて、2021年10月に取りまとめられた「障害児通所支援の在り方に関する検討会報告書」では、多様な主体の参入によって課題となる療育の質の確保について言及しています。しかし、日額制、契約制度、応益負担という現行制度の根本的な問題については触れられていません。療育の事業は運営の心配をせずに実施される必要があり、またわが子の障害に向き合う保護者の気持ちの揺れが大きい時期であることを考えると、利用契約や費用の応益負担は適していません。

報告書は、女性の就業率全体が高くなっている状況も踏まえ、「保護者（とりわけ母親）も就労を継続できる社会を目指す観点からは、発達支援の提供を通じて保護者の就労を支えることも、障害児通所支援の役割」と述べています。このこと自体は重要な視点です。しかし、保護者の就労を支えるためには児童発達支援の場にはどんな機能が必要か、一方で保育所を選択した場合にも、どのようにして行き届いた支援を保障するのかなどの検討はなされておらず、さらには子育て中の親の労働条件の改善等について検討する方向にも向かっていません。児童発達支援も保育所も、家族の生活と労働の権利を守りつつ、何より子どもの

発達を保障するものでなければなりません。

　「あしたもまたやりたいな」と、安心できる共感関係のなかで、自分のタイミングでじっくりたっぷりと遊びこんでいく時間、「ほんとはやりたい」というねがいやもどかしさに寄り添ってもらいながら、おとなや友だちと一緒に生活や自分をつくっていくこと。これらは保育でも療育でも共通して大切なことであり、それを実現するために、療育ではよりていねいな関わり、条件が必要なのです。働く親の「預け先」として子どもの生活を営利の対象にしたり、子どもを部分的に捉えて「力をつける」「足りないものを補う」ようなこま切れの「支援」、生活・発達から疎外した「サービス」にしてはいけません。療育をスポット的サービスとして一般の子育て施策から切り離すのではなく、子どもの生活と発達を保障する保育・教育といった普遍的な体系に組み込んでいくことが求められます。

　乳幼児期において保護者を支援することの重要性はいうまでもありませんが、近年「ペアレントトレーニング」が推奨される傾向にあることに注意が必要です。2021年報酬改定において「ペアトレ」が事業所内相談支援の一つとして例示されたことから、マニュアル化された講習などが広がっています。子どもや保護者を一方的に変えようとする発想ではなく、時間をかけながらも子どもの姿を一緒に見守り、時には「思ったようにならないよね」と悩みや悔しさも分かち合いながらともに変わっていける保護者支援を大切にしたいと思います。

　また、児童福祉法の改正によって、児童発達支援センターについては、乳幼児期における中核的な支援機関として、「高度な専門性」の確保、地域の児童発達支援事業所や保育所などに対する支援、発達支援の入り口の相談機能が明記されました。乳幼児期の支援の歩みを振り返ると、住民の要求を紡いで自治体が公的責任をもって地域療育を築こうとしてきたことがわかります。母子保健はすべての子どもの出生から把握し、発達と健康を保障しようとするシステムを地域の中につくってきました。障害の早期発見・早期療育をめざしたネットワークはそうした子どもの発達を保障しようという実践と結びついています。それは、す

【読み札】よろしくね　ルーティンは　くずせない

べての子どもと親の子育てと発達を応援するものであり、もれのない健診、親が子育ての主人公になっていくような親子教室などの整備は大切な課題です。それぞれの地域のなかで、これまでの蓄積と到達点を踏まえた療育システムの構築をめざし児童発達支援センターの役割、児童発達支援事業との連携のあり方を考えていかなければいけません。『障害者問題研究』第50巻2号では保護者支援をふくむ乳幼児期の療育の課題を特集しています。

Ⅱ　学齢期の情勢と課題

（1）続くコロナ禍での学校教育の困難と課題

　新型コロナ感染症オミクロン株の感染拡大による第6波は、これまでにない感染者数を記録する大流行となり、若年層、学齢期の児童・生徒にも感染が拡大しました。学校現場ではこの間、学級閉鎖、出席停止などが相次ぐ一方、子どもの学び、生活を保障しようと、感染症対策、さまざまな配慮を講じながら、教育活動が続けられてきました。

　この時期、GIGAスクール構想の突出した推進もあいまって、タブレット端末の個人配布や学校におけるICT環境の整備が急速に進められ、オンラインによる授業も当たり前のように行われるようになりました。登校自粛や出席停止の中、オンライン授業を「出席」扱いとすることも行われました。それが必要な局面もありましたが、オン

ライン授業をつなぐことがあたかも教育保障であるかのように正当化される風潮は見過ごせません。子どもたちの学びは、オンラインで行っているからよいというものではありません。画面に注目することが難しかったり、直接的なふれ合いや教材を通してようやく外界を感じることのできる障害の重い子どもたちもいます。感染症に弱い医療的ケアが必要な子どもたち、病院や施設にいる子どもたちの教育保障は、オンラインか対面かの二者択一ではなく、両方があってこそだと言われます（『障害者問題研究』第50巻1号特集「入院中の子どもの教育」）。オンラインでは学びにくい障害のある子どもたちが置き去りにされていないか、子どもたちの学ぶ権利がきちんと保障されているか、改めて問う必要があります。

　そのような中で教員の働き方は、ICTの活用方法を身につけるための研修やICT活用の準備などに多くの時間を要し、ますます多忙化しています。また、ICTを活用する能力が教師の専門性として評価されたり、授業でICTを活用することばかりが求められたりし、教材を製作したり子どもたちについて話し合うといった教員に本来必要な時間が奪われています。ICT機器の使用が「子どもたちにとってどうなのか」といった検討なしに、「コロナ禍だから仕方がない」という風潮に流されてしまうのではなく、何のために活用するのか、どのように活用していくのかを問い直し、考えることが必要です。

　感染症の変異と感染対策の見直しの中、これまで中止とされてきた学校行事が、再開の方向へと動いています。しかし、3年も続くコロナ禍の影響は、けして小さくありません。たとえば卒業式、入学式、始業式などの学校行事は、縮小、簡素化され、それがスタンダードになりかねません。コロナ禍以前の学校へと動き出した今、教員の働き方改革を名目に必要以上に簡素化が進んでいないかを問い、学校の主人公である子どもたちにとっての意義や学び、そして各行事をはじめ、学校教育に込められていた教員の思いや願いを改めて確認し合うことも必要です。

　感染症対策の中での教育活動はまだまだ続くと思われます。それらが及ぼす子どもへの影響をきちんと捉えつつ、その中で、子どもたちの願いや

学びを保障する教育活動をめざし、保護者や同僚としっかりと手をつなぎ、思いを確かめ合って教育実践をすすめていくことが求められます。

（2）子どもに合った学びの創造

　コロナ禍が続く中、学校現場では、ICT環境の整備が急速に進められ、GIGAスクール構想も相まって、「一人一台端末」という状況が作り出されました。「新しい時代の特別支援教育の在り方に関する有識者会議」の報告は、新時代の特別支援教育が目指す方向性として、ICT環境の充実と教師の活用スキルの向上を強調し、「令和の日本型学校」を謳う中教審答申では「協同的な学び」と並べて「個別最適な学び」が示されています。ICTを活用した教育の「個別化」は、対面授業とICTの組み合わせが想定されたもので、従来の学校教育の仕組みや形態を少しずつ変えていこうとする意図が読み取れます。

　タブレット端末ありきのこの流れは、これまでの対面での授業の価値、集団での学びの価値を軽視していると言わざるをえません。改めて、学習指導だけにとどまらない学校の役割や、そこで行われている実践の価値、子どもたちの発達や学びの事実を確認し合うことが求められます。

　経済産業省のかかげる「Society5.0」は、人材育成に応じた教育を進めようとする文科省の姿勢にも重なり、個別に能力を伸ばすという「個別最適な学び」につながっています。そもそも学校は「人材育成」の場ではありません。能力重視、人材育成という教育観を問い、私たちが大切にしてきた、子どもの発達を保障する豊かな学びと、それを実現する教育実践を創造していくことが求められます。

　教育のICT化は、教育現場にさまざまな産業、企業の参入をもたらそうともしています。教師の働き方改革、専門性の向上などを名目にした学習アプリなどでの導入は、一人ひとりの子どもに向き合い、創意工夫をして行われてきたこれまでの実践の価値や教師の専門性をゆがめてしまいかねません。教員免許更新制が廃止される一方で、教員の特別支援教育に関する専門性向上を名目に、通常学校の教員が特別支援学校等での勤務を経験

することを義務化するといった動きがあることも見過ごせません。教員の専門性は、決してICTの活用スキルなどに解消できるものではありませんし、特別支援学校での勤務経験があればいいということでもありません。子どものねがい、保護者のねがいに寄り添い、集団的に子どもを深く理解することや、目の前の子どもにあった学びを創造していくことこそ、譲り渡すことのできない専門性の核心なのではないでしょうか。

（3）教育条件整備をめぐる現状と課題

　2021年9月、これまで特別支援学校にだけなかった「特別支援学校設置基準」が、ようやく制定されました。これは、十数年にわたる保護者、教職員、市民のねばり強い運動の成果です。設置基準は、学校を設置する上での「最低の基準」であり、今後、特別支援学校で学ぶ子どもたちの教育条件の改善を図っていく上での土台を築くことができたという大きな意義があります。

　けれども、制定された基準は、決して十分なものとは言えません。在籍児童・生徒数の上限が規定されなかったため、過大校の問題は容認されます。また、特別教室の種類や数はまったく明記されませんでした。さらに、既存の学校については適用が猶予されたため、「カーテン教室」に代表されるような教室不足、過大・過密といった待ったなしの教育環境の問題が直ちに改善されることにもなりません。文科省による「公立学校施設実態調査報告」では、7000以上の教室不足が生じています。新たな学校建設の計画が示されていない、教室が新設された特別支援学校でさえ、すでに教室不足が生じているなど、教室不足は常態化し、未だ放置されたままです。設置基準は制定されましたが、引き続き、基準の見直し、改善や教室不足の解消をめざす運動が求められます。

　教育条件が劣悪なのは、特別支援学校に限ったことではありません。特別支援学級、通級による指導、通常学級においても同様です。特に教員不足の問題は深刻です。昨年4月の文科省の調べでは、2500人以上の教員不足が生じています。そのしわ寄せを受けるのは子どもたちです。

　通級指導教室では、在籍に年限が示される地域

【読み札】手を洗う　いつの間にやら　水遊び

があったり、担当する児童生徒の数が増やされ、子ども一人あたりの指導時間が減ってしまったりといったことが生じています。そのような中、文部科学省は、特別支援学級に在籍する児童生徒については、「原則として週の授業時数の半分以上を目安として特別支援学級において（略）授業を行う」ことなどを、特別支援学級などの「適切な運用」として全国に求める通知を発出しました。どこの地域、どこの学校でも通級指導が自校で必要なだけ受けられるための条件整備を欠いたまま、こうした機械的な「目安」を教育現場に押し付けるなら、その子に必要な特別な支援を基礎づける制度的基盤を欠いたまま通常学級に放り出される子どもたちは確実に増加します。

　どの子にも行き届いた教育条件のもとで豊かな教育保障をというねがいは、教育環境の整備に留まらず、教師一人ひとりが、子どもにじっくりと向き合い、子どもとともに豊かな教育実践を繰り広げることのできる自由をも求めます。このことこそが教師の名にふさわしい専門性を培っていく条件だからです。こうした観点からも、行き届いた教育条件を整え、必要な教員配置を求める運動を続け、広げていきましょう。

（4）ゆたかな生活のための放課後保障

　放課後や休日の生活を支える放課後等デイサービスは、この間も感染症対策を講じ、さまざまな工夫をしながら子どもと家族への支援を続けています。感染症拡大の中で、「通所自粛」ややむを得ない休所もあり、日額報酬制＝出来高払い制度

のもとで大幅減収となった事業所が多発しました。それにもかかわらず、これに対する策は講じられていません。

　2021年4月からの報酬改定によってもたらされた問題にも目を向ける必要があります。この報酬改定によって、事業存続と実践のあり方の両方にわたるさまざまな問題が持ち込まれました。改定で基本報酬が引き下げられ、資格のある職員の配置に対する加算が廃止されたことによる減収は大きく、事業所運営を困難にしています。一方、新設された個別サポート加算、専門的支援加算の二つの加算は実践にも影響します。個別サポート加算は、子どもの障害の状態を判定して加算をつけるかどうかを決めるというこれまでにない仕組みです。子ども一人に対する働きかけ、支援ごとに値段がつけられるようなこの仕組みは、子どものねがいに寄り添い、ゆたかな生活や発達を保障しようとする放課後実践をゆがめかねません。専門的支援加算は、事業所に理学療法士等の配置をした場合の加算ですが、放課後活動における「専門性の高い支援」とは何かという問題と関わります。次期2024年度報酬改定では「特定プログラム特化型」（仮）という放課後活動の類型化も予定されており、子どもたちに、ゆたかな放課後生活を保障する実践とその専門性について検討を深め理論化していくことがいっそう求められることになります。

　学校、家庭、放課後の場は、学齢期にある子どもたちにとってどれも欠かせない時間と空間です。子どもたちの生活、健康やいのちを守るために、それぞれの関わる人びとの連携は不可欠です。コロナ禍により、学校との連携が以前にも増して難しくなったとの声が聞かれます。学校教育と放課後等デイサービスなどの事業とが相互に連携、協力する関係づくりを意識的にすすめ、地域の関係者をむすぶ全障研らしい活動を広げていきましょう。

Ⅲ　成人期の情勢と課題

　新型コロナウイルス感染症の流行が続く中、成人期施設では仲間が安心・安全に生活するために

細心の注意を払いながら実践を展開しています。一方、障害のある人たちの暮らしが、長期にわたって多面的な困難に直面する中で、青年期から高齢期にいたるいくつものライフステージにわたって、生活を保障する制度的な基盤の脆弱さが鮮明になっています。

（1）働く場の課題

　障害者総合支援法による日額報酬制は、コロナ禍において障害者の働く場の運営や障害者の生活に対しても大きな影響を与えています。

　きょうされんは3回の「新型コロナウイルスの影響に関する生産活動・工賃実態調査」を行っています。第3回の調査では、6割の事業所でコロナ禍以前より生産活動の収入が減収となったことが報告されています。一方で、減収を補うはずの「生産活動活性化支援事業」補助金は、対象事業が就労継続支援に限られているという問題点をもつ上に、上述の調査では、就労継続支援事業所であっても、申請した事業所の6割強が「要件に該当しなかった」ために給付されなかったと回答しています。こうしたことを背景として、半数以上の事業所で障害者の賃金・工賃が減額しています。しかし、行政による対応は不十分であり、それぞれの事業所で新たな収入源を確保する独自の努力が重ねられているのが現状です。

　働く場の課題は、そこで働く職員の生活にも影響を与えています。

　政府は内閣官房に「全世代対応型の持続可能な社会保障制度を構築する観点から、社会保障の総合的な検討を行う」ため、「全世代型社会保障構築会議」を設置、2021年11月から同会議を開催し、この会議の下に公的価格評価検討委員会を設けています。そこでは、障害者福祉に携わる職員の処遇改善として2022年10月以降について臨時の報酬改定を行い、収入を3％程度（月額平均9千円相当）引き上げるための措置を講じることを検討しています。しかし、この程度の引き上げでは他職種の平均月収から10万円ほど低いとされている状況を根本的に改善することはできません。福祉労働者のこのような劣悪な労働条件などを背景として、成人期施設では慢性的な職員不足が生じ、ま

た働き続けることが困難になっています。

　こうした中でも障害者支援の場で働く多くの職員は真摯に実践に向き合っていますが、社会福祉の場にも経済競争を持ち込み、政府の公的責任を縮小しようとする新自由主義的な施策の影響が渦巻く中、実践がうまくいかないのは自分自身の力量の不足に原因があると考えさせられ悩んでいます。その背後には、職員を個別化することで孤立させる自己責任論の根深い影響があります。しかし、一人一人の職員が孤立するのではなく集団として実践に向き合い、やがて制度的な矛盾にも目を向けることができるような職場づくりの取り組みも報告されています（発達保障研究集会での茨城・あすなろ園の報告）。こうした実践にも学びながら、自己責任論に基づく孤立化の罠を乗り越える職場づくりをすすめたいものです。

（2）「暮らし」の課題

　3年ごとの障害者総合支援法見直しの作業が行われ、2022年6月に報告としてまとまっています。報告は、居住支援として「地域生活への移行」においてグループホームを強調、医療的ケアや強度行動障害のある人が利用できるグループホームの整備も求めています。またさらに「一人暮らし」をめざす計画をたてたり利用期限を設定するなど、十分な条件を示さないままさまざまな機能・役割をグループホームに課そうとしています。

　NHKの取材では入所施設での生活を希望し、待機している障害者が昨年の時点で、少なくとも27都府県で延べ1万8640人に上ることが報じられました。しかし、この数字は氷山の一角にすぎません。このNHK報道では、20の道府県は待機者の人数すら把握しておらず、国も調査を行っていないことから、実態はさらに多いとみられることも指摘されています。高齢の親が障害のある人の介護をする「老障介護」が問題となっていますが、その背景には民法の扶養義務などに代表される、障害者の生活支援における家族依存があります。

　障害者権利条約第19条「自立した生活及び地域社会への包容」には「(a)障害者が、他の者との平等を基礎として、居住地を選択し、及びどこで誰と生活するかを選択する機会を有する」と謳われ

【読み札】ん？母さん　何を言っているの？

ていますが、現実には、「地域生活」の名の下に、障害者・家族が、支援の貧しい特定の生活様式を強要される事態が起こっています。地域生活への移行を言うのであれば、行政は障害者・家族の高齢化・重度化などの実態を正確に把握するとともに、必要な法整備と重点的な予算措置を行わなければなりません。

　様々な矛盾や弱点をはらみながらも、医療や福祉などの発展によって、障害者が高齢期をすごすことができるようになってきました。しかし、高齢期を迎えてもゆたかな生活を送ることができる制度などの整備は、65歳を境に介護保険制度への移行を強要される「65歳問題」に象徴されるように、十分ではありません。特に、高齢化・重度化に対応できる医療制度の整備と、医療と連携した福祉制度の構築などは急務です。私たちの研究運動においても、医療関係者との連携をさらに強く、太くしていくことが課題となっています。

（3）政治的及び公的活動への参加及び　　　生涯学習の課題

　国の政策のあり方を障害者の権利を保障する方向へ変更させていくためには、障害者自身の声を政治に反映させていくことが欠かせません。そのためには、政治的及び公的活動への十全な参加が必要です。障害者権利条約第29条には「政治的及び公的活動への参加」が規定されていますが、日本の状況は不十分です。

　玉野裁判（1980年、言語障害のある玉野ふいさんが知り合いに候補者の文書を手渡したことで逮

捕されたことに対して、公職選挙法の問題性を訴えた裁判）以降、公職選挙法の改正が適切に行われておらず、障害者の参政権は十分に保障されているとはいえません。JD（日本障害者協議会）や障害をもつ人の参政権保障連絡会では、障害者の参政権の状況について調査し、障害者の適切な参政権保障のあり方を検討しています。投票においては環境整備が推進され、障害者権利条約や障害者差別解消法で定められた「合理的配慮を欠く」問題事例は正されなければなりません。また、障害者が政治参加の権利を含む人権の主体者となるための学習の機会の確保は生涯学習の課題でもあります。

障害者権利条約第24条では、生涯学習の機会の確保が謳われていますが、日本においては障害者の高等教育を含む18歳以降の教育の保障は、障害の種別や程度による格差を含みつつ、全体としてきわめて限定的な水準にとどまっています。福祉制度を利用した福祉事業型「専攻科」が全国的に広がり、新たな学びの可能性が模索されていますが、そこでの実践のあり方とともに、教育年限の延長を含め、学びの場をどう創造していくのかを検討していくことも課題です。

Ⅳ　研究運動の課題

（1）オンラインの長所と短所をふまえて　　　学び合いを広げよう

2020年以降、新型コロナウイルスの広がりを背景に、私たちはオンラインを活用した取り組みを進めてきました。

2020年8月に「全障研オンライン集会」を実施したのに続き、2021年8月には第55回全国大会（静岡）をオンラインで開催しました。今回の第56回全国大会（兵庫）は、そうした経験をふまえてのものです。

今年の2月から3月にかけて、オンデマンドで開催した「教育と保育のための発達診断セミナー2022」には、700名以上の参加がありました。

2017年に始まった「『障害者問題研究』を読む会」は、2020年の夏からはオンライン開催になり、参加者が広がっています。また、研究推進委員会が主催する「オンラインゼミ」も今年から始まり、第1回〜第3回には障害のある子どもの療育や学校教育について学び合っています。

オンラインによる取り組みを展開している支部・サークルも少なくありません。

オンラインを活用することにより、地域の隔たりを超えて学習会等に集まることができます。従来は参加が難しかったような他支部の企画に参加することも可能です。そして、移動に困難を抱える人、家庭を離れにくい人なども、オンラインであれば参加しやすいという場合があります。

一方で、オンラインによる取り組みは、ICT機器の用意が必要になりますし、機器の操作やオンラインの環境になじみにくいと参加が困難です。自宅ではオンラインの集まりに落ち着いて加わりにくい場合もあります。また、一人ひとりの「つぶやき」や仲間どうしの「雑談」も、私たちの研究運動には欠かせないものですが、オンラインでの話し合いでは気楽な発言が難しくなりがちです。

2年間にわたる様々な取り組みを検証し、オンライン活用の利点と難点を検討しつつ、私たちの研究運動を工夫していきましょう。

（2）レポートをつくり、実態や実践を　　　共有しよう

みんなで話し合うこと、実態を出し合うこと、実践を語り合うことの大切さを改めて確認したいと思います。

私たちの研究運動は、いわゆる「研究者」だけが取り組むものではありません。一人ひとりが研究運動の担い手です。

一人ひとりが直面している実態や、それぞれの取り組みを交流することで、私たちの認識は豊かになっていきます。障害者・家族・職員といった立場を超えて語り合えること、職種や職場を超えて集まれることは、私たちの研究運動の特徴です。

「ささいなこと」「話すほどではないこと」のなかにも、きちんと受けとめるべきものがあります。どのような規模のものであれ、実態や実践を語り合う機会は、かけがえのないものです。

実態や実践を書いてまとめることも大事にしていきましょう。一人ひとりが自分自身の思いや願いを書くことも、研究運動の重要な一環です。

実践を書くことで、自分の実践を振り返ることができますし、仲間と実践の経験を共有することができます。多忙ななかで実践を文章にまとめるのは大変なことですが、実践を書くことの意義は小さくありません。単行本『子どものねがいと教師のしごと』と結んでの「学びの"わ"プロジェクト」も進めてきましたが、各サークル・各支部の取り組みのなかでも実践検討の場を豊かにしていきましょう。

（3）社会の課題に向き合おう

身のまわりの実態や日常の実践に加えて、私たちの社会の課題に目を向けることも必要です。

障害者の存在を根底から脅かすような問題に関しても、考えていく必要があります。旧優生保護法のもとでの不妊手術の強制については、国の責任を問う訴訟運動が展開されています。一方、厚生労働省は出生前検査を全妊婦に周知する方針を示しており、出生前検査の拡大が懸念される状況があります。障害のある当事者で優生保護法等について考える集まりもされていますが、そのような取り組みを深め、広げていくことが重要です。

軍隊・戦争をめぐる問題も、障害者の権利保障と切り離せません。ウクライナでは今年2月に戦争が始まってしまい、子ども・障害者・家族の苦難が伝えられてきました。戦争は、障害者の権利保障と両立しません。日本においては、戦争放棄や戦力不保持を定めた憲法9条を守り、憲法9条を現代に輝かせる必要があります。戦争と平和について学び、考え、話し合うことを大事にしていきましょう。核兵器の廃絶に向けては、2021年1月に発効した核兵器禁止条約の意義を確かめる学びも大切です。

気候変動の問題も、忘れてはならないものです。世界の温室効果ガス排出量が減少に向かう流れは見えておらず、熱波、洪水、嵐、水不足、食料不足、感染症の拡大、生物多様性の喪失といった災厄が科学的に予測されています。そうした災厄は、子ども・障害者にとりわけ大きな悪影響を及ぼすものです。気候危機の克服も、私たちが真剣に向き合うべき課題です。

（4）仲間づくりを進めよう

ここまで述べてきたことからも明らかなように、私たちの研究運動には、ともに取り組む仲間の存在が不可欠です。仲間を広げつつ、研究運動を進めていきましょう。

その際、月刊誌『みんなのねがい』は、私たちの研究運動の軸になるものです。障害者や家族、さまざまな職種の実践者などが書き手として登場し、障害者の権利保障・発達保障をめぐる問題を幅広く考える誌面は、他誌には見つけにくいものです。読者会の開催、感想の交流も交えながら、『みんなのねがい』の輪を広げていきましょう。

季刊誌『障害者問題研究』は、ときどきの重要な課題を深く考えることができるものです。「研究誌」であるため、一人で読み通すのは簡単ではないかもしれませんが、「『障害者問題研究』を読む会」では、執筆者と読者とが直接的に言葉を交わすことができますし、同じ課題に関心をもつ仲間と感想や意見の交流をすることもできます。

全障研出版部が刊行する単行本も活用しながら、仲間と話し合うことを大切にして、活動を進めていきましょう。

全障研の仲間が広がり、『みんなのねがい』の読者が増えることは、私たちの研究運動の土台を豊かにします。さまざまな人、たくさんの人が研究運動に参加することで、多様な実態、多彩な実践を共有していくことができますし、障害者の権利保障・発達保障のための力が大きくなります。

私たちの研究運動は、「ひとりぼっちをつくらない」ことを大事にしてきました。「ねがい」を話せる場、仲間と語り合える場、実践について考えられる場を探している人は、少なくありません。私たちの結びつきを確かなものとすることが求められます。

障害者の権利保障・発達保障をめざして、仲間を増やしながら、私たちの研究運動をつくっていきましょう。

障害者の人権と優生思想

——優生保護法裁判と障害者の人権

優生保護法被害者国家賠償訴訟（兵庫）弁護団長　藤原精吾

はじめに

　51年前、全障研京都大会で堀木訴訟の訴えを3分間許していただきました。今日は優生保護法訴訟の報告を30分します。約50年で10倍になりました。みなさんありがとうございます。

　今日は、現在、最高裁と全国の裁判所でたたかわれている優生保護法裁判についてご報告し、この裁判の運動が何を目指しているのかをお話しし、全障研のみなさんにともにたたかうことを呼びかけたいと思います。

1．優生保護法裁判とはどのような人が起こしている裁判でしょうか

　兵庫で最初に裁判に立ち上がった髙尾さんは、ろう者（聴覚障害者）です。職場で知り合ったろうの女性と結婚式を挙げる前、母親に医院へ連れて行かれ、何の説明もなく、不妊手術をされました。前もって説明があれば手術を受けなかったといいます。不妊手術したことを妻になる人に伝えるとショックで泣きました。そのことは2020年、81歳で亡くなるまでずっと、心にわだかまってきました。

　もう一人の原告の鈴木由美さんは、脳性まひを理由に、12歳で子宮を取る手術をさせられました。その後遺症で何十年も寝たきりになり、青春を失いました。悔しい思いは今も続いています。これらの人々だけでなく、全国の不妊手術を受けた障害者は、たまたま障害をもって生まれた、日本で生まれた、そのために生涯にわたる差別と子

のない苦しみを負わねばならなかったのです。

2．国は、何でこのような人権侵害を行ったのでしょうか

　国会は1948年、「優生保護法」を制定しました。この法律で障害のある人に子どもを作らせないよう国が不妊手術をすることを定めました。その第1条には「この法律は、優生上の見地から不良な子孫の出生を防止する」ことを目的として掲げています。不妊手術を推進しただけではなく、障害者は「不良な子孫」だと決めつけ、これを国の法制としたのです。障害のある人は生まれるべきでなかった、子どもを作ってはならない。この法案に反対した政党、議員は誰一人いませんでした。すでにあった新憲法に違反するという声も上がりませんでした。この法律が対象として列挙した障害が必ず遺伝するものかどうか、医学的根拠は十分にはありません。さらに遺伝性がないハンセン病に罹った人や重度の統合失調症、知的障害などの人びとも対象者にしました。

3．手術はどのようにして行われたのでしょうか

　優生保護法により、強制手術を受け、あるいは同意をさせられて不妊・中絶の手術を受けた人たちは、政府統計でも8万3000人に上ります。厚生省はこの法律を実施するために、都道府県の保健所、医師会、病院、施設に指示して、対象者を探し、見つけ次第医師に強制手術の申請をするよう命じたのです。手術の対象者や親が抵抗したら、

高等学校の学習指導要領と保健体育の教科書

騙したり、拘束したり、麻酔をしても構わないという通達も出していました。裁判官、検察官がその手続の一翼を担っています。人権を守るべき弁護士もこの人権侵害に気づき、問題とすることがなかった事実は恥ずべきであり、深刻に反省しなくてはなりません。

みなさんのなかには学校の先生が大勢いると思います。文部省は学習指導要領に優生保護法を盛り込んで、優生思想を教育させました。みなさんの先輩は高校の保健体育授業で生徒に優生保護法と優生思想を教え続けていました。「障害は遺伝するのだ」「君たちは遺伝性疾患のある人との結婚を慎むように」と、繰り返し指導してきました。1学年平均100万人の生徒に48年間教えれば4800万人になります。優生思想が市民に浸透するのも当然です。

実際にろう学校の校長先生が、ろう児の親を指導して、手術を受けさせたり、結婚の仲人を頼まれた際に、不妊手術することを条件に引き受けた事例がありました。また、家が貧しく勉強ができなかったため、知的障害児として手術を受けさせられた人もいます。東京の原告である北さんは、教護院に入所していた時に不妊手術を受けさせられました。優生思想を積極的に教育し、国民に広げた責任は教師にもあるのです。養護施設、障害者施設でも施設職員が優生手術を推進する役目を担っていました。

厚生省は自治体に手術数を競わせ、宮城県では「愛の十万人運動」を展開し、児童施設で片っ端から手術を行い、全国ナンバーワンになりました。兵庫県では「不幸な子どもの生まれない県民運動」を展開し、不妊手術を促進するとともに、障害をもって生まれた子を不幸だと決めつけました。

4．1996年の改正で、優生保護法はなくなったのでは

1996年にようやく強制不妊条項は削除されました。しかし、障害者を社会から排除し、差別し、淘汰する国を挙げてのシステムを作り上げ、48年間も稼働していたのです。基礎となった優生思想はそのままで、今なお日本社会を支配しているのではないでしょうか。

5．優生保護法の犯した罪は不妊手術だけでしょうか

この法律は、障害のある人を社会から締め出し、差別するだけでなく、精神障害や知的障害の

ある人を病院や施設に閉じ込め、社会から隔離し、排除する根拠となりました。

優生思想に基づく「精神衛生法」は、精神科病院への措置入院、医療保護入院などの制度を定め、医療とは言えない社会防衛としての27万8000人の入院者（うち17万1000人が1年以上の長期入院）が現存します。知的障害者を主たる対象とした施設入所政策も根は同じです。15万人以上が入所生活を送っています。

障害のあることを欠格条項とする法律が何百も作られ、障害のある人の職業的資格や免許など多くの制限が定められました。その一部はなお残っています。障害者の尊厳を否定し、劣った者とし、人権の主体とは認めない優生思想は、津久井やまゆり園事件の犯人の言動や裁判所、厚労省も含めた官公庁での障害者雇用率偽装などの事件などにも現れています。被害者は手術を受けた8万人だけではありません。障害のある何百万人の人びと、さらにその家族にも偏見と差別の被害をもたらしたのです。

法改正は条文を闇に葬っただけです。この法律が障害のある人に対する重大な人権侵害を行ってきたこと、優生思想が誤った考えであること、これらをきちんと総括し、国がやってきたことの責任を取り、間違いを正してゆくという議論も考えもなかったのです。だから、法改正後も、厚生大臣は、「法律によって適法に行われたのだから、補償をするつもりはない」とぬけぬけと言い続けてきました。

6．裁判はどのように進んでいますか

被害者が裁判にたどり着くまでに長い道のりがありました。国は被害補償の途を閉ざしたばかりか、行政文書を国民の目から隠しました。

宮城県で偶然発見された記録をもとに、2018年1月、仙台地裁で最初の裁判が起こされました。その報道を見た全国25人の被害者が立ち上がり、札幌から熊本まで8つの地方裁判所で裁判が起こされました。その最初の判決が2019年5月28日、仙台地裁で言い渡されました。あっと驚く請求棄却の判決でした。原告に対して国が憲法違反の人

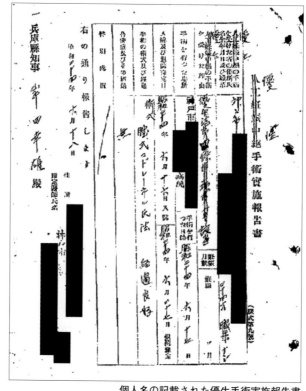

個人名の記載された優生手術実施報告書

原告の請求を棄却した地裁6判決

2019.5.28	仙台地裁	法の違憲性認めるが、除斥期間理由に**請求棄却**
2020.6.30	東京地裁	法の違憲性言わず、除斥期間理由に**請求棄却**
2020.11.30	大阪地裁	法の違憲性認めるが、除斥期間理由に**請求棄却**
2021.1.15	札幌地裁	法の違憲性認めるが、除斥期間理由に**請求棄却**
2021.2.4	札幌地裁	損害賠償を認めず
2021.8.3	神戸地裁	法の違憲性認めるが、除斥期間理由に**請求棄却**

除斥期間とは？

　民法の旧規定により、権利発生時から20年の経過により、当事者が知らなかったとしても、権利が消滅するという制度

権侵害をしたことは認める。しかし手術を受けた時から20年間裁判を起こさなかったから、損害賠償を求める権利は除斥期間で消滅したというのです。

　手術を受けた時、法律が改正された時、誰が裁判を起こせたでしょうか。起こしたとしても「手術当時は適法であった」と対応されたと思います。国会が何の総括も、反省も、謝罪もなく、ただ条文を闇に葬ったことが、二重、三重の人権侵害をもたらしたのです。納得できませんね。しかしその後東京、大阪、札幌、神戸の地裁で言い渡された5件の判決は全部右へならえでした。

　不当判決への怒り、社説、抗議運動の展開が裁判所を包み、ようやく今年、2022年2月22日大阪高裁、3月11日東京高裁の裁判官は、「国が行った重大な人権侵害に除斥期間を適用することは、著しく正義・公平に反する」というまともな判決を出しました。これが当然の判決なのに、地裁の裁判官は何を考えていたのでしょうか。

　高裁判決は、以下のように言いました。「被害は、このような身体への侵襲及び身体的機能の喪失というにとどまらない。すなわち、旧優生保護法は、『優生上の見地から不良な子孫の出生を防止する』ことを目的とし、本件各規定において、本人の同意なく優生手術の対象となる障害ないし

疾患を有する者を特定・列挙するものであるところ、優生手術を受けさせられた者は、一方的に『不良』との認定を受けたに等しいと言わざるを得ない。制定法に基づくこのような非人道的かつ差別的な烙印ともいうべき状態は、個人の尊厳を著しく損ねるもの」である。

　しかし国は、この判決に従おうとせず、不服だとして、更に最高裁に上告して争っています。

7．裁判は何を目指しているか

　原告の髙尾さんは、言いました。「金のために裁判をするのではない。私の人生を通じて受けてきた障害者差別とたたかうために立ち上がりました」と。神戸地裁の法廷で証人に立った、日本障害者協議会（JD）の藤井克徳さんは、「優生保護法はなくなったが、優生保護法問題は残っている」と断言しました。

　人を能力と使用価値で評価する優生思想。「障害のある人に使う税金はムダだ」と言う人がいます。「弱い者がいじめられる。強くならねばだめだ」など元総理大臣が最近公然と言いました。優生思想は、なお幅をきかせています。

　これを批判し覆すためには、私たち自身も「優生思想」を乗りこえていかねばならないと思って

2022年3月11日　東京高等裁判所にて

いJます。なぜか。私たちは子どもの時から受験戦争、競争社会で育ち、学校の成績で評価され、会社では能力主義のなかで生活しています。自分より能力の劣る人を見て自信をつけたりしています。しかし仕事の評価と人としての尊厳は違います。障害のあるなし、年齢による老化、病気など能力のあるなしには線引きはできません。連続したスペクトラムなのです。いつ自分が障害のある人になるか知れないのです。そのことを考えれば、今能力があるからといって威張ることはないのです。

障害者権利条約は「障害者」ではなく、「障害のある人」というのです。なぜ障害のあることがマイナスに評価されるのか。それは現在の資本主義経済が生産に寄与することができるか否かで「使用価値」を評価し、それを十分に持たない人をマイナスに評価するからです。日夜の暮らしはそれで動いています。そして「使用価値」を多く有する人がより評価されることになっています。しかし、ハーバード大学、マイケル・サンデル教授は「実力も運のうち」と言っています。

家族が障害を持つことも大いにあります。そのときに劣った人として見捨てられますか。その対

極として、人間の多様性を認めることが必要です。価値の基準を疑うのです。すべての人には、人としての尊厳があります。差別をなくし、すべての人の生きる営みを社会で支えあえる世の中にしたい、そのワンステップとして優生保護法の犯した罪を、憲法の名の下に法廷で裁くことが必要なのです。

全障研のみなさんは、「障害者の権利を守り、発達を保障する、そのための理論と実践」を目的として掲げておられます。私たち（優生保護法裁判）が目指すものとほとんど重なり合っているのではないでしょうか。

8. 今しなければならないこと

裁判はその性質上、原告の受けた手術の被害に目を向けています。しかし高裁判決はじめ、いくつかの判決は優生保護法が障害者差別の社会を作ってきたこと、これを変えていかねばならないことにも言及しています。ただそれを実現するには判決ではなく運動が必要です。

私たちは裁判を中心とした運動を進めるために、6月、「全国優生保護法裁判支援連絡会議」（優

大会当日は、藤原精吾さんが体調不良で欠席となり、前兵庫支部長の
河南勝さんが講演のために準備されていた原稿を読みました。

生連）を結成しました。地域、障害の違い、それ
ぞれの障害者団体が目指す目標の違いを越えて、
手をとりあって運動します。

　共通の目標として、

①裁判に勝利し、国の責任を明確にし、謝罪をか
　ちとる

②裁判を起こせていない人びとにも補償をさせる

③国に優生思想・障害者に対する偏見差別の解消
　に向けた施策、加えて情報保障、人権教育など
　を推進する立法・行政の実施を求める

④そのための国と被害当事者団体、弁護団との継
　続的な協議の場をつくる

ことを求めています。

　裁判は各地で進行していますが、来月9月22日
には大阪地裁で次の判決が言い渡されます。

　運動を全国に広げるため、10月25日には東京の
日比谷公園野外音楽堂で3000人規模の集会を予定
しています。この裁判をもっと多くの人びとに知
ってもらい、社会全体の意識が変わるよう裁判の
運動を進めます。

　みなさんの参加を心より期待しています。

　私たちはこの裁判を通じて、

①障害のある人の人としての尊厳を否定する社会
　を変える

②人びとの多様性を認め、差別のない社会を目指
　す

③障害のある人の生活と人権が保障されるために
　必要な施策を国が行う

ことを実現するため、一歩前進したいと思います。

　障害者権利条約は、優生思想を乗りこえ、障害
者を含めたすべての人の人権を守ることを、社会
のメインストリームとしていく運動の導きの星で
す。8月の20日過ぎには、日本における障害者権
利条約の実施状況の報告・審査・評価がジュネー
ブの国連で行われます。私も日本弁護士連合会の
メンバーの一員としてその傍聴・ロビイングに参
加することにしています。共通の目標に向かっ
て、みなさんとともに取り組みたいと思います。
ありがとうございました。

記念講演

『みんなのねがい』表紙など
写真と共に考える人びとの人権、平和

講師　安田菜津紀（フォトジャーナリスト）

【安田菜津紀さんからのメッセージ】
　「みんなのねがい」の表紙には、日本国内の被災地、海外の紛争地など、世界各地で出会った方々に登場いただきました。多くの人が社会に不安を抱える今だからこそ、改めて一人ひとりの声と大切に向き合い、国内外の人権問題、戦争、そして平和について考えていきたいと思います。

　以下は、安田さんの『みんなのねがい』表紙のことばを紹介しながら、編集部の責任で記念講演の様子を記録させていただきました。

　「ここ神戸は、私の祖母が最期の時間を過ごしたことがわかっている街でもあって、ご縁のある街に、それも8月6日というとても大切な日にお招きいただいたことを改めて光栄に思っております。
　表題にありますけれど、『みんなのねがい』の表紙を担当させていただいて5年目に突入しております」と、スタートした記念講演。メイン会場

の神戸ポートオアシスにはコロナ感染が急増する中で、兵庫県内在住者・在勤者に限定させていただいた約50人がつどい、ハイブリッド方式でオンラインで共有され、1200人が参加しました。

◆「みんなのねがい」2020年5月号

表紙のことば＝東日本大震災で甚大な被害を受けた岩手県陸前高田市。港にほど近い場所に暮らしていた佐藤一男さんは自宅を失い、9年近くの間、仮設住宅での暮らしを続けてきました。2019年12月、ついに災害公営住宅への引っ越しが叶い、一家はようやく日常を取り戻すための一歩を踏み出しました。「床や壁って、こんなに暖かったのか…」と、佐藤さんは噛みしめるように語ります。「なにより、娘たちが友だちを家に呼べるようになったことが、親としてはうれしいんです」。復興への歩みはそれぞれちがいます。誰も取り残さないための取材を、これからも続けます。

「左から2番目に写っている抱っこしているのが長女の佐藤あかりさんなんですけど、2011年に最初に出会ったときは、震災当時が小学校1年生から2年生に上がるところだったので、当時私が出会ったときは小学校2年生でした」(安田さん)

◆「みんなのねがい」2022年5月号

表紙のことば＝東日本大震災当時小学校1年生だった佐藤あかりさんの自宅は、港からほど近かったために全壊し、家族と共に小学校の体育館に避難した。その後、2ヵ所の仮設住宅での暮らしが9年近く続き、2019年12月、ついに災害公営住宅への引っ越しが叶う。充実した高校生活を送っていたところに、今度は新型コロナウイルスの感染拡大がふりかかり、日常はまた一変した。この春から、あかりさんは内陸にある短大に進学し、保育を学ぶ。いずれはまた地元に戻り、「防災に関係するような絵本を子どもたちに読み聞かせたい」と未来への意気込みを語ってくれた。

「今日は表紙に登場していた人びとのことをふり返りながら、あらためて守りたい人権は何だろう、守りたい平和のかたちってどういうことだろうかということをみなさんと一緒に考えていくことができればと思っております」(安田さん)
＊講演は、「ココナッツおじさん」のカンボジアからウクライナ、シリアへ。

◆「みんなのねがい」2021年8月号

表紙のことば＝「ココナッツおじさん」と呼ばれている農家のおじいさん、コイデンさんと出会った。ココナッツおじさんと出会ったのは、隣国タイとの国境に接するカンボジアの村だった。コイデンさんは過去に二度、内戦後に残された地雷の被害に遭い、両足の膝から下を奪われている。「二本目の足まで吹き飛ばされてしまったとき、斧で自分の首を切り落とそうと思いました。それでも生きていたい、と思えたのは、家族の存在があったからでした」とコイデンさんは振り返る。妻のジェーラーンさんが大好きだ、と語るときのコイデンさんの顔は、一際輝いて見えた。

◆「みんなのねがい」2022年9月号

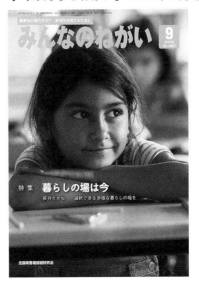

表紙のことば＝ウクライナに対するロシアの軍事侵攻以来、多くの命が奪われ、国内外で過酷な避難生活を続ける人々がいる。こうした緊急時にはとりわけ、日ごろから脆弱な立場に置かれている人々がさらに厳しい状況に追いやられがちだ。少数民族ロマは、ヨーロッパ各地で差別や迫害を受けてきた歴史を持つ。貧困地域に暮らすロマの子どもたちの教育機会をつなごうと、ザカルパッチャ州ウズホロドでNGOが運営してきた就学前教室には、10人ほどの子どもたちが机を並べていた。他地域から戦争で避難してきた子どもたちをどう受け入れていくかが、今後の課題だ。

◆「みんなのねがい」2022年3月号

表紙のことば＝2011年から戦争が続いてきた中東の国、シリア。北東部は、少数民族であるクルド人の組織が事実上の支配下に置いている。シリアでは一時期よりも激しい戦闘がおさまっているように見えるものの、空爆や殺戮はいまだ各地で続いている。北東部にも国内避難民キャンプが点在し、多くの人々が終わりの見えないテントやプレハブでの生活を余儀なくされてきた。キャンプで出会った幼い兄と妹。前夜からの雨で、足元は泥まみれだ。一帯は冬が雨季と重なるため、とりわけ過酷な時期となる。この地の現状を、「忘れられた戦争」にしてはならない。

　＊そして、講演は、ウィシュマさん、在日コリアン、ヘイト、差別の問題へ

◆「みんなのねがい」2021年12月号

表紙のことば＝外国人の人権問題などに取り組んできた駒井知会弁護士は、入管収容施設に通い、収容されている人々の声に現場で正面から向き合い続けている。名古屋入管で亡くなったウィシュマ・サンダマリさんのご遺族の代理人も務め、真相を明らかにすべく奔走する。国際法違反の状態が指摘される収容の実態を前に、駒井さんは実感を込めて、こう語る。「困難な立場にある方々を人間扱いしない国と社会は、実は誰も人間扱いしていないのだと思います。自分がいつか困難な立場に陥って初めて気がつくような社会では、あまりにも悲しいのではないでしょうか」

◆「みんなのねがい」2021年3月号

表紙のことば＝2020年10月、ジャグラーのちゃんへん．さんの著書『ぼくは挑戦人』の刊行記念イベントが大阪市で開かれた。ちゃんへん．さんの出身は京都府宇治市の「ウトロ地区」、家族は在日コリアンだ。ジャグラーとして世界的に活躍するまでには、小学校時代の過酷ないじめ、国籍やルーツを巡る葛藤など、壮絶な道のりを経てきている。この日のイベント会場は天井が低く、最も得意とするディアボロの難易度はさらに上がる。それでも高度な技に果敢に「挑戦」し続けるその姿は、ちゃんへん．さんの今に至るまでの歩みと重なり、見る側を圧倒した。

◆ 「みんなのねがい」2021年1月号

表紙のことば＝京都市伏見区、木々に囲まれた丘の上の校舎から、にぎやかな声が校庭まで響き渡る。授業を終えたばかりの京都朝鮮初級学校では、ちょうどクラブ活動の時間が始まろうとしていた。伝統楽器のカヤグム（伽倻琴）の優雅な音と、生徒たちの伸びやかな歌声が共鳴し合う。今年は新型コロナウイルスの感染拡大で、集いの場である学園祭がリモートでの開催となった。それでも知恵を出し合い、オンラインであってもつながりを築こうと、先生方、関係者の方々が奔走していた。来年こそは、この校舎で子どもたちの晴れ舞台を見てみたい。

◆ 「みんなのねがい」2021年10月号

表紙のことば＝16歳の時、広島で被爆した李鐘根（イ・ジョングン）さん。子どもの頃は出自によって差別に遭い、被爆後は「原爆がうつる」という偏見に苦しんだ。長らく、ルーツも被爆者であることも表に出さずに生活を続けてきた。自身の名前と共に、証言活動を始めたのは80歳を過ぎてからだ。地球一周しながら被爆証言をする、ピースボートが主催するプロジェクトに参加したことがきっかけだった。姉の行方はいまだにつかめておらず、悲しみはなお深い。それでも、被爆体験の伝承者育成に携わり、世代をこえてバトンを受け渡そうと、日々奔走している。

以下、安田さんの講演から。

「またこうして表紙の写真で会えたなって。昨年の表紙を飾ってくださったイ・ジョングンさんのお話で今日の講演を終えていきたいと思います。

イ・ジョングンさんは先週、7月末に亡くなられたばかりなんです。ジョングンさんは、16歳当時、広島市内の鉄道会社に勤めていましたが、その出勤途中で、16歳のときに爆心地から2キロ圏内のところで被爆しました。

ジョングンさんは、ちゃんへん．さんと同じように、幼い頃から出自による執拗ないじめを受けてきたと語ります」。

「だからこそ自分は、出自を隠したい、早く日

本人になりたいということを願って、憧れだった鉄道会社に就職した後も、通名を使って、自分の出自を語らず。もし職場がどこかということを家族に話したら、チョゴリを着たオモニが、お母さんが職場まで訪ねてきてしまうのではないかと恐れて、自分の両親にも、自分の職場の場所を語らなかったそうです」。

「8月6日に被爆して、命からがら自宅にたどり着いたとき、そこにいるはずのオモニとアボジがいなかった。夜中に帰ってきたオモニはボロボロで、職場の場所を知らない、だからこそ自分の息子がどこに行ったのかって。仕事先を知らないはずなのに、街の中を草履一つでさまよい歩き続けたんだそうです」。

「ようやく大好きだった職場に復帰したときに、ジョングンさんを待っていたのは今度は被爆者に対する差別でした」。

「実はジョングンさんが被爆体験を語るようになったのは80歳をこえてからだったそうです。

ピースボートが企画している世界一周の旅の中で、被爆者の方々が被爆体験を語りながら世界を回っていくという企画を見つけたことがきっかけだそうです。最初は被爆体験を語るっていうよりも、世界一周がしたかったんだよね、へへっと、照れくさそうに話していたのをとてもよく覚えています。

出港時、被爆者を代表して、ジョングンさんが挨拶をしたときに、最後に自分の名前＝李鐘根（イ・ジョングン）で、そのスピーチを閉めたそうです。そのときのその清々しい気持ちを今でも忘れることができませんと語ってくださいました。

ジョングンさんは天津飯が大好きだったんですけれど、昨年広島市内で一緒に食べに行ったときも、大盛をペロッと食べるんですよ。天津飯を食べながら、「いろんな若い人たちがね、自分の話を聞きに来てくれるんだよ」と嬉しそうに話している中で、「こんな僕みたいな朝鮮人なんかの話をよく聞きに来てくれるよね」と語ったときのジョングンさんの顔を私は忘れることはないです

し、託してくださったことも忘れることはないと思います。

戦争も人権侵害も、大きな主語の元で起きますよね。何々人、何々民族を排除しろ！攻撃しろ！と。だからこそ、これから続く『みんなのねがい』では、「何々さん」「〜くん」と、小さな主語を通して、そこに人間が暮らしているんだ、もっと血の通った人間の話をしよう、ということをみなさんとわかち合っていきたいと思っています。

ジョングンさんと、そしてあの夏、広島で命を奪われたたくさんの方々のことに思いをはせながら、私の話はこれで以上とさせていただきたいと思います。

みなさん、こうしてご清聴くださいましてありがとうございました」。

＜記念講演への感想から＞

○『みんなのねがい』の表紙を飾っていたみなさんの背景などを交えてお話を伺うことができて、安田さんと一緒に涙しながらオンライン参加しました。支援の有無にかかわらず、人とつながるということは、その人を知ろうとすることが大切だということを感じ、この感覚を大事にしていきたいと自身をみつめなおしました。

○素晴らしい記念講演でした。『みんなのねがい』の表紙を見ると、いつも写真の背景にあるストーリーを読んで考えることが多いです。

安田さんは、世界の貧困や差別の問題を直接現地で取材し、本人や家族・仲間の目線に立って、まずは知り考えること、そして行動することの大切さを教えてくださっているように思います。

ご自身のファミリーヒストリー、そして日本の被災地やヘイトにさらされる方々の声がいつの間にかつながり、深く考えることができました。

当日は、東北の会員も個人や集合形式でライブで聴いていました。東北岩手にも縁がある安田さんのお話を楽しみにしていました。神戸からは数百キロ離れていても、オンラインという形でライブで聴くことができて本当によかったです。

○穏やかに、毅然として、そして涙も。安田さんの人となりと生き方に深く感動しました。マスコミでは真実がなかなか報道されにくいところがあります。「情報の格差、報道の格差が命の格差につながる」ことがないような世の中になるために、これからも真実の発信を期待しています。今後の表紙の写真がより一層楽しみです。

○講演ではマスコミでは正確に知ることのできない事実について知ることができショックを受けるとともに、今後も真実を知る努力が必要だと思いました。が個人の力では限界があります。あらゆる手段を講じて平和について、平和を阻害する動きについて連携する力を結集することこそが必要であると思います。

○とにかく感動でした。娘と一緒に聞かせていただきました。娘の仕事は法律関連で、この間は社会情勢を語り合える関係となり、安田さんの大ファンです。人に対して一貫した優しさと強い愛情をいつも感じていますが、講演には涙涙でした。まだまだたくさんお話伺いたいと思いました。『みんなのねがい』の表紙再度見直ししました。コメントとともに。私ももっともっと丁寧に人と接していかなくてはと思いました。常にすべての人の人権が守られる社会をと願い自分なりに行動していきます。若い娘にもつなげていきます。

○ちょっと遠いところの話だと思っていたのが、安田さんの講演を聞いて、すぐ目の前の「あなた」の話だと感じられました。今の日本で差別が行われていることも認識できました。正直、すごくつらいですが、自分のできることに取り組んでいきたいと思います。

○8月6日に、こういったお話を聞けて良かった。人間の愚かさや悲しさをひしひしと感じました。世の中から戦争や差別がなくなりますように。

○非常に感銘を受けました。外国人、障害者と一括りにするのではなく、顔と名前のある「あなた」として捉えて考える社会になってほしいと思いました。

○とても心地の良いお話のしかたで、いくらでも聞いていたかったです。安田さんの写真の背景、意味を知ることで、写真の見え方もまた変わった気がします。私たちが目を向けにくいこと、気がつかずにきたこと、メディアがとりあげてこなかったことに気づかせていただける、とても大切なお仕事をしてくださっているのだと思いました。

○小さな主語のある人生を丁寧に捉えて表現されていることの思いが伝わってきました。素晴らしい講演でした。国籍も障害も関係なくすべての人の声が命が大切にされる社会をみんなで力を合わせてつくっていきたいですね。

○「戦争が終わっても関係のない人たちが傷つき続けている」とても穏やかな口調でしたが、言葉の一つ一つに重みがあり考えさせられることばかりでした。世の中はいろんな考え方の人がいることはもちろんわかっていますが、自分が無関心でいることも誰かを傷つけているのでは？と感じました。

○8月6日に、安田さんのお話を聞けたことはとても貴重であり、意義あることだったと思います。生きる上での基盤は「平和」であり個々の「人権」が守られることだと思います。でも、それが脅かされている人々について、知ること、何が自分にできるか考え、そして行動することが大切だと感じました。ありがとうございました。

○毎月見ている『みんなのねがい』の表紙。それにまつわるエピソードをお聞きして、今まで以上に味わい深いものとなりました。少し遠くに感じていたシリアや中東の話が、日本で起きているヘイトスピーチや入管での事件と絡まり合って、やはり世界はつながっているんだなと実感しました。今朝、広島の平和記念式典の中継を見てからビューイング会場に来たので、最後の被爆者差別の話は涙が込み上げてくるのをこらえながら聞きました。

文化交流企画　2022「かるたではなそう」より

わたしのかるた紹介

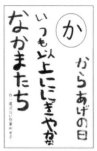

読み札を担当

　日常の一コマです。作業所の仲間たちは、ごはんをすごく楽しみにしていて、特に唐揚げが大好き！みんなで食事をしながら「おいしいね〜」と分かち合える空間が自分にとって、幸せな空間だと感じています。

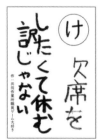

絵札を担当

　絵を描くときに"行きたくてもいけない"思いをどのように表現しようか、考えました。東田直樹さんの"壊れたロボットのなかに自分がいる"そういう表現をしたいと思い、「ロボットに抑え込まれていてやりたくてもできない」という絵にしました。

読み札を担当

　発達のことで気になることがあると、保護者はどうにかしたいとあせる気持ちがあります。けれど、子どもたちは、「ぼくにはぼくのペースがあるよ」きっとこんなことを思っているのかな、と子ども目線で読みました。

31

読み札を担当

　生まれたときは障害があるとわからなかったので、初めて話す言葉は、私のことがいいなと思っていました。途中で障害がわかり、話すことができなくなりましたが「お母さん」と呼ばれてみたい、という思いを表現しました。

読み札を担当

　放デイに向かう車内でのこと。私が話していても、誰も聞いていなかったのですが、一人だけ一生懸命見てくれていました。その時に「先生えらいな、頑張って言ってくれてるな〜」と言ってくれたような気がしました。その子は数日前、公園から帰りにくく、一緒に時間を過ごした仲でした。

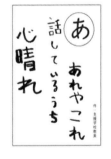

読み札を担当

　子どもたちの下校後に担任の先生たちが「今日のあれな〜」「あ〜！あれな！」と一日のできごとを話していました。「あれ」「それ」で子どもたちの様子が共有でき、思いが伝わる関係性の先生たちを見てこの読み札ができました。

（毎月1回）　2022年5月27日発行　第427号　兵庫支部ニュース6月号

全障研全国大会文化交流企画

かるた「読み札」募集！

8月6日，7日に行われる全国大会・文化交流企画で「かるた大会」をすることになりました！もちろん，ふつうのかるたではありません。下のイラストのように，「日々感じている悩みや願い，モヤモヤ，面白いことなどをかるたの読み札にする」という企画です。

<文化交流企画>
「カルタとりで話そうや
　～ちょっと聞いてよ、この気持ち～」

日々感じている悩みや願い、
モヤモヤ、面白いことを、
カルタにしました。
当日は、カルタ大会で盛り上がりましょう！

例えば，以下のような，読み札を，準備委員会でつくっています。
　【え】　絵カードに「何もしない」も入れてくれ
　【せ】　先生もみんなと一緒、働く仲間
　【つ】　ついちょっと　こだわり崩れる　この人となら
　【れ】　連絡帳　良いことばかりが並んで欲しい

読み札づくりは面白く，それゆえ，一部の人のものにするのはもったいないと感じています。そこで，兵庫支部の会員のかたにも，読み札を募集します！　また，（うまく進めば）オリジナルかるたセットを制作したいと思っております。ぜひぜひご応募ください。

◆募集の概要◆

● 「あ」から「を」まで，好きな読み札を好きなだけつくってください。その際，ペンネームもお願いします。
　　（例）　【よ】　寄り道ができるようになったのね
　　　　　　【ペンネーム】自閉症の息子と暮らす畑女子
● 提出先：兵庫支部のメール　hhyozen@gmail.com　にお願いします。
● 締め切り：6月14日まで
● 特典：採用された方には，カルタセットを送付します！（カルタセットができなかった場合は，データを送付します）

「カルタとりで話そうや　～ちょっと聞いてよ、この気持ち～」

8月6日（土）15：10～15：50　（配信×会場中継）

　今年の大会テーマである「久しぶりに話そうや、私たちのねがい」を合言葉に、兵庫支部のみなさんからたくさんの読み札が寄せられました。読み札に込められた思いを受け取り、絵札作りにも取り組みました。かるた作りは、約100名の方が携わり、全員の思いがつながり完成しました。大会当日は、映像でかるた作りの様子を紹介したり、現地の神戸会場で「す」からはじまる読み札を募集したり、ハイブリッド開催の特徴を生かした文化交流企画が行われました。

かるた紹介の映像のなかで「天の声」として、
登場していたお二人です

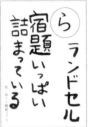

「ランドセル重いよな」「宿題つらいよな～」
と、一緒に言いながら取り組んでくれる放課後
デイの先生たちがいるだけで少し救われます
よね。

周りが「こだわりをなくさないと！」と思う
と終わりがないですよね。まずは、こだわる
気持ちに寄り添いたいです。

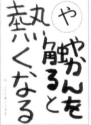

真正面から「その通り！」ということを読み
札にするのがいいですよね。火もついている
し、絶対に熱いですよ～。

今、2歳や3歳の子たちはコロナ禍で人生を
スタートしています。読み札にも実感がこ
もっていますね。

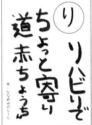

こちらは、レジェンドペアの作品です。
実体験に基づいたものでしょうね。

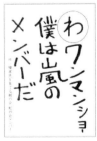

この公園でリサイタルをすることが、おでか
けの最高の楽しみ方なようです。

大会アピール

　３年間にも及ぶ新型コロナウイルス感染症の影響。今も激しく続けられるウクライナでの戦争。そして、各地で引き起こされる自然災害。障害のある人びとのいのちと権利保障をめぐる歴史的な危機が続くなか、全国障害者問題研究会は、2022年８月６日、７日の２日間、第56回全国大会（兵庫2022）を開催しました。

　障害のある人びとの権利保障のうねりを生み出してきた開催地・兵庫のとりくみは、全国の実践や運動を大いに励ましてきました。30年前、「花ひらけ15の春」を掲げて、養護学校の高等部全入を求めた「ひゅうまん・ぼいす」の運動は、本人と親の熱いねがいを要に全県のとりくみへと広がり、高い壁をうち破って障害のある青年たちに後期中等教育への扉をひらきました。こうして無数の人びとの悲しみとねがいを刻んできた発達保障のバトンを受けとろうとする人の輪は、今、確かに広がっています。

　記念講演と特別報告を通して、人びとの暮らしを破壊し無数のいのちをうばい去る戦争、そして、障害や病気のある人のいのちの始まりとつながりを断ち切ろうとする優生思想は、国家や社会に役立つかどうかで人間をふるいにかけるという点で深くつながっていることを学びました。そして、平和と人権をねがう世界中の人びとと手を結んで、力強くあゆんでいきたいとの思いを新たにしました。子どもたちやなかまたち、そして家族のささやかなねがいを「かるた」に込めて分かち合おうとした文化交流企画では、障害のある人びとが自らのライフステージにふさわしく生活の質を高めていくことが、すべての人のいのちと権利が守られる社会の実現に向かう、ゆっくりではあっても確かなすじ道であることをユーモアたっぷりに示しました。

　兵庫の発達保障のあゆみからつむぎ出された「久しぶりに話そうや、私たちのねがい」という大会テーマは、わたしたちの内に湧き起こるねがいであるとともに、暴力の連鎖を断ち切り、社会の分断を乗りこえるために欠かすことのできない対話と連帯を呼びかけるものです。分科会の討論では、惻々（そくそく）と胸をうつねがいが綴られたレポートをもとに、それぞれの実態を持ち寄り、実践を語り合うことで、ねがいが明らかとなり、そのねがいを束ねてみんなで共同することが、具体的な制度の改善につながることを学びました。

　戦争と障害のある人びとの幸福は絶対に両立しません。わたしたちは「戦争をする国づくり」をすすめる憲法改悪を許さず、すべての人の発達が花ひらく平和な社会を、未来に生きる人たちに手渡していきたいとねがっています。「私たち抜きに私たちのことを決めるな」という理念の下で具体化された障害者権利条約は、一人ひとりのねがいを聴き合い、語り合うことが、人権保障の礎になるという発達保障の研究運動が大切にしてきた思想を国際的な理念に押し上げました。このことに確信を持ちたいと思います。

　身近な地域や職場で、ともにねがいや悩みを語り合い、日々の暮らしや実践をゆたかにするために譲れないものは何か、新たにつくり出すべきものは何かを明らかにしていきましょう。そこに多くの人を誘いあって参加し、語り合いと学び合いの輪を大きく広げていきましょう。日本国憲法が社会の隅々をあかるく照らし、障害者権利条約が確かに生きる輝かしい未来にむけて、発達保障の道をともに切りひらいていきましょう。

2022年８月７日

全国障害者問題研究会　第56回全国大会（兵庫2022）

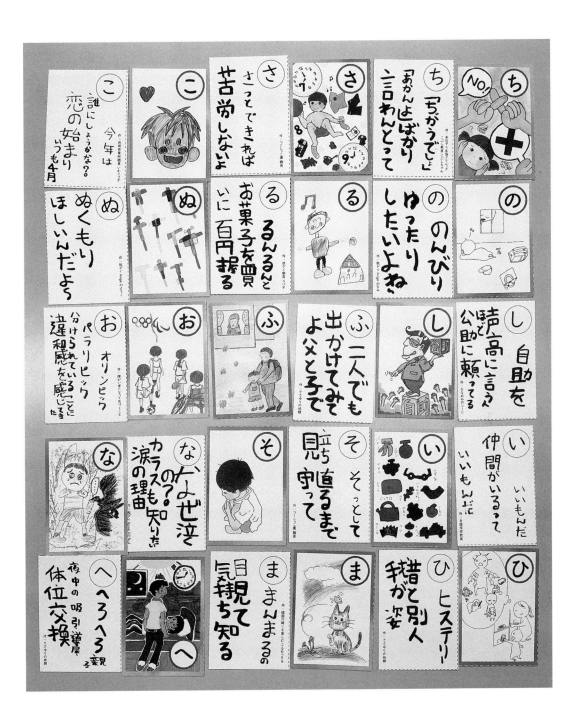

〈乳幼児期全体会〉
保育と療育をつなぐ─地域支援のあり方を話し合おう

共同研究者　井原哲人(東京)　藤林清仁(愛知)
司会・運営者　安藤史郎(大阪)　中村尚子(埼玉)　横山園佳(東京)

指定レポート
「名古屋市の療育センターの地域支援」
　　　　　　　愛知　加藤　淳
「児童発達支援に求められる相談支援について」
　　　　　　　滋賀　石川孝子

　2022年6月に児童福祉法の改正があり、児童発達支援センターによる地域支援や、障害児相談支援の役割が注目されるという情勢の下、子どもに関わるすべての施設がつながって子どもの発達を保障する地域をつくっていくことをめざし、「保育と療育をつなぐ」というテーマを設定しました。

　乳幼児期の施策は自治体によって異なることから、最初に藤林さんが、就学までの障害のある子どもを支える共通のしくみについて話しました。乳幼児健診や子育て支援など子ども一般の施策の中で「育てにくさ」の気づきから丁寧な相談につながる、あるいは障害がわかった段階で早期に療育につながるなど、様々なケースがありますが、健診であれ相談であれ、親子のねがいを受けとめる人と窓口があり、わかりやすいものであることが求められます。親子教室などは、自治体で多様です。その後の療育の場、保育所等での障害児の受け入れなども全国的基準がありませんので、全障研大会などの機会に、他の地域の状況を知ることはとても大事なことだといえます。

◎レポートの概要

加藤報告　名古屋市は1980年代から地域療育センター構想を検討し、通園施設が乳幼児健診後の親子を支える実践を行っていました。1993年、西部地域療育センターの開所を機に、通園、発達相談、医療と並んで地域支援を本格化させます。国の補助事業である障害児(者)地域療育等支援事業(その後同事業は数度変更された)も活用し地域療育

センターが整備されるにしたがって、地域支援のエリアや機能が整備されていきました。

　障害児通所支援制度では、保育所等訪問支援が地域支援として推進されていますが、名古屋市の地域支援には次のような特徴があります。

　①巡回療育　保育所等では、一般に「他害など困った行動を何とかしたい」と思います。クラスのカリキュラムになんとか乗るように、と考えて、専門機関に支援を依頼するのですが、困った行動を「消す」のではなく、「大好きな水遊びをたっぷりして、特定の保育者との関係を基礎にした活動を継続しつつ観察してみましょう」「共有できる遊びを考えてみましょう」というように、子どもが安心して過ごすための配慮や子どもの行動をどのように捉えるかを「一緒に考える」ことを大事にした巡回です。

　②初診前サポート事業　地域支援をさらに進めるために、「診断待ち」による「放置」をなくそうという実践が行われています。健診や保育所などの場で療育をすすめられても初診の待機期間が半年の状態です。そこで、診察・診断を経ないで、気になる段階から相談と療育が受けられるこの事業を開始しました。2019年に同事業を市から受託した東部地域療育センター「ぽけっと」には、心理職、保健師、保育士、ケースワーカーが各1名ずつ配置されました。2020年7月からはさらに「地域支援・調整部門」として、心理職2名、理学療法士、作業療法士、言語聴覚士各1名が加わり、他の地域療育センターへも拡大しつつあります。

　巡回療育、初診前サポートも利用実績は増加傾向にあるので、専任職員を確実に配置するなどの課題がありますが、地域支援の視点として、子どものねがいをつかみ、理解するために一緒に考えること、子どもの理解者をどう増やすかが大切ということがまとめとして報告されました。

石川報告　乳幼児健診の未受診をなくし、障害など発達上の気になることの発見と発見された子どもが放置されないことをめざして始められた大津市のシステム「大津方式」。乳幼児健診→親子通園を含む通園療育→保育所での障害児保育での支援（巡回相談事業）というしくみです。開始から50年の間に検証し、国の制度の変更もみながら改善してきました。療育の保育士経験のある石川さんは、現在の職場である大津市立の相談支援事業所の立場から報告しました。

　大津では、転入家庭も含めてすべての子どもを公的に把握することを大事にした上で、支援の届かない子どもをなくそうとしてきました。「発達障害」と診断される子どもの増加、就労する保護者の増加、待機児対策と並行した保育所等の多様化などを背景に、健診でのフォロー児以外で、保育所等に就園後に支援の必要性が指摘される子どもが多くなっています。同時に「保育をどうしたらよいか」という現場からの訴えも増えています。相談支援専門員として保育園等を訪問し「関係をつくる」なかで、園の困りごとにタイムリーに、丁寧に対応する、療育での遊びや配慮、支援の方法を伝える、継続して訪問し子どもの成長の事実と課題を共有する、園と保護者との関係をつくるといった、巡回相談とは異なる保育所等との連携が明らかになったと報告されました。

　近年、障害児通所支援における専門性と質が注目され、PT、OT等による支援を求める声も多く聞かれます。こうした職種からの視点も加えて、対等な立場で連携してアセスメントを行い、実践と事例を通して話し合うことが実践の質を高める上での要になるので、必要な支援を組み立てる相談支援専門員には、「計画相談」だけに限定されない役割が求められているという指摘もありました。また石川さんは最近保護者支援の課題を新たに感じているとのことで、家族内での葛藤やきょうだい児との関係、わが子とほどよい距離で関わることの大切さなどについて話せる関係の支援者をつくること、就学後の支援との継続性などいくつかの提起をしました。

　石川さんは何度も「保護者をおいてきぼりにしない」という言葉を発していました。多様な事業所が増えてきたけれども、それらが連携する上で公的機関の果たす役割が重要です。連携のキーは「子ども理解」ということも強調されました。

◎討論

　次のようなことがテーマとなりました。
・保護者との子ども理解の共有…配慮の必要な子どもが在園している園では、保護者にどう伝えるかが課題となります。他児と一緒の活動ができないなどマイナス面が浮上することになりがちですが、子どもが楽しんでいる活動を保護者と共有したり、どんな工夫をしたらよいか保育者も悩んでいることを伝えて、「お母さん、どう思う？」という会話を重ねていくことを大事にしていこうといった意見がありました。保護者と園の話し合いは、子どもの障害について説明する場ではなく子どもを理解するチャンスですから、相談支援やさまざまな立場の専門職が保育とは違った視点で助言できるしくみがあることが重要です。
・家族支援の視点…「子どものことを理解してもらえない」という保育士の「悩み」を、視野を広げて掘りさげることも大切です。一見、園との会話を避けるように見える保護者の態度の背景に、いろいろな場面で「問題行動」を指摘され続けてきた過去や、家族の介護やきょうだい児のことでの悩み、経済的な面での困窮、保護者自身の病気や障害など、当該児だけみていたのではわからないことが潜んでいることもあります。こうした参加者の発言を受けて、石川さんは相談支援が保護者支援、家族支援という視点をもつこと、その分野の専門家の参加が得られるようにしていくことが必要だろうとまとめました。
・母子保健との連携…2つの報告は、ともに乳幼児健診、子育て支援策とのつながりを大事にしていました。このたび改正児童福祉法で「こども家庭センター」が明記されたことで、すべての自治体で母子保健、子育て支援、保育所等、療育の連携を具体化していくことになります。また、保育所にはこれまで以上に地域の子育ての相談機関としての役割が求められており、おのずと特別な配慮を必要とする子育ても課題となってくるでしょう。そこでの児童発達支援との連携が新たなテーマとなってくることを見通していこうという発言がありました。　　　　　　（文責　中村尚子）

1　保育所等および専門施設における保育・療育の実践（１）
発達のおくれ、知的障害ほか

共同研究者　小渕隆司（北海道）富井奈菜実（奈良）松島明日香（滋賀）
司会　坪倉吉隆（京都）吉田文子（東京）
参加者　100名

指定レポート

「子どもたちが輝ける行事とは～あーちゃんに教
　えてもらったこと～」
　　　　宮城　小野寺理栄・成田美穂・渡邊朋也
「通園くじらで積み重ねた保育～『5歳児』を誇
　りに過ごした1年間～」　　和歌山　保田央・
　西野梢・西川真智・栗山紗菜・田尻直樹

◎レポート報告

　宮城のなのはな園のレポートでは、日々の保育
で子どもたちを丁寧に捉え、子どもと保育者が一
緒に歩んでいく過程の大切さが報告されました。
　あーちゃんは、幼稚園からなのはな園に入園。
「行事」が苦手で、運動会の「かけっこ」の練習
では、あーちゃんの好きなかくれんぼの要素も取
り入れ、当日は保育者2人に支えられながら何と
かゴールしました。一方で、保育者の「あーちゃ
んならできる」の思いが強すぎて本人の達成感が
わからなくなっていたこと、あーちゃんの中に「で
きるかな～でもやってみたい」という葛藤がある
ことに気づきました。そこから日々の活動では、
あーちゃんが自分で決めることや、友だちと一緒
に"楽しかった"と達成感がもてるように工夫が
されました。クリスマス会の劇では、大好きな「剣
道あそび」を設定。練習では不安そうだったけれ
ど、友だちの楽しんでいる様子を見て「もう一回
やろう」と参加する姿が見られ、当日もみんなが
観ている中、敵役の保育者を倒し笑顔があふれて
いました。行事を通して、子ども自身が保育者や
友だちと気持ちを寄せ合い、励まし、共感してい
く経験が大切ではないかと話されました。
　和歌山の通園くじらからは、「子どもの好き」
を中心に日々の保育を丁寧に取り組み、子どもの
生活に根差した集団保育を展開した実践でした。
　春、あこがれていた「5歳児さん」になった6

名の子どもたち。落ち着かない新年度は、子ども
が自ら気づいて行動できるために、保育者の位置
や環境の整備も大切にされます。苦手な活動があ
る子には、見ることを意識したり、友だちのまね
っこをする、5歳児だけでやってみる等を工夫し
ました。
　夏のお泊り保育に向けた取り組みでは、自然に
ふれる園外活動、みんなで考えたBBQ、海水浴
など様々な経験を大切にしました。秋の運動会で
は、特別な練習はせずにこれまで保育で行ってき
たリズムや運動・集団あそびを中心に組み立てら
れました。走り出せない子が「勝ち負けがわかっ
てきたから走れない」のではないかと子どもの思
いを探り、安心できる保育者となら走る姿を見せ
るようになりました。
　一つひとつの行事に、子どもたちがワクワクす
る「しかけ」をたくさんつくる「子どもたちの経
験を保障し」、一人ひとりの発達に根差して「当
たり前の日常を当たり前に過ごす」ことを大切に
取り組んでいるそうです。「保育者よがり」では
ない「子どもたちの好き」に根差した実践といえ
ます。

◎討論

　共同研究者より次の3点が討論の視点として提
案され、2グループに分かれて話し合いました。
①取り組み全体の中で共通して大切にしたいこと
②子どもを主体にする際に大切にしていること
③これらを職場でどのように議論してきたか
Aグループ　日常の保育で意識していたことや大
事にしていることを出し合いました。本人がやり
たくなるような好きなこと、興味のある活動を大
事にする、特定の職員との関係づくりなど、まず
は人や場所、活動に安心感がつくれるような工夫
がされていることが共通していました。

行事についても話しました。行事そのものが目的化してしまうと保育士の思いだけが強くなってしまいがちで注意が必要です。並行通園をしている子どもの場合、園の行事前になると練習の疲れや緊張からストレスをためてしまうことも多く、そんな時、療育では行事から離れてほっこりできる遊びで気持ちを受けとめているという児童発達支援事業所からの発言もありました。

保育園から「保育で"ねらい"を考える時、子どもの思いをくみ取ったものにしたいと思っても言葉で伝えることが難しい。自分から要求が出しにくい子どもの"思い"をどう捉えたらいいのか」という質問がありました。これに対して、普段の保育でその子の生活や好きな遊びの中から捉え、いろいろな取り組みでの反応を見て、そこから考えるといった意見がありました。

保育や療育において、その子は「何が好きか」「どんなふうに考えているのかな」「どんなことに興味を持っているのかな」などを観察したり、アンテナを張ることが大事だと確認し合えました。

Bグループ　主に集団づくりと保護者支援について討論しました。

保育園のクラスに発達に遅れのある子が複数在籍している場合、個性も発達も多様で、集団をつくるのが難しいというのが共通した悩みです。「集団の中でその子らしさを発揮できるように取り組んでいるが、行事は＜できる－できない＞が見えてしまう。幼児クラスになると、他児と差も出てくる」「保育参観でその子が楽しめそうな活動を設定したが、活動に入ることができなかった」と保育園からの体験が語られました。他方、療育の場からも、個に焦点を当てて活動する個別に近い活動と集団活動の中でみる時の難しさ、どうしたら楽しめるのか、試行錯誤しているという発言がありました。

保護者との関係づくりでは、たとえばクラス活動に参加できることを期待して保育参観に来ている保護者の気持ちを一旦受けとめる姿勢が大事になってきます。親子教室の朝の会で走り回っている子どもを座らせようとする保護者に、「座らなくても大丈夫」ということを根拠をもって伝えていくこと、子どもと一緒に楽しめることの大切さ

を「手遊び」などを通して体験してもらうことなど、実践が語られました。子どものねがいと大人のねがいがズレることは当たり前で、保育者の思いを一旦横において、子どもの事実から出発することが大切ではないかと話し合われました。

◎共同研究者のまとめ

富井さん＝子どもの声をどのように行事や活動に取り入れているのかという質問に、通園くじらからは「5歳児会議をしている」という話がありました。ここでは、自分の思いを言語化しにくい子どもたちの観察だけでなく、意見が出せる環境をつくることも大事にされていました。「集団行動ができる」ではなく「集団の中で楽しい経験ができる」ことを大切に、各レポートいろいろな工夫がされていました。

松島さん＝各レポートでは子どもにとって行事には何の意味があるのかを職員同士で考え合うことが大切にされていました。なのはな園のレポートでは、「大人の思いが先行しすぎてしまった」と反省や自問自答しながらつくっていっていることが印象的でした。"行事に向かって子どもを変えよう"ではなく、"ねがいをもった子どもが変わろうとする姿を応援する"ということが大事。通園くじらは、子どもの実態から活動をつくることを大切にされており、生活の中で好きな遊び、好きな友だち、様々な出会いがありました。

報酬改定では、事業所の目に見える取り組みに加算が付くようになっていますが、大事にされるべきは生活の場として子どもたちが好きな物に出会うことが保障されることでしょう。

小渕さん＝行事は「できる－できない」が可視化されます。「参加したいけれど、できない」葛藤が生まれ、その"葛藤"を救い出すことが大事なのだと感じました。結果ではなく、過程で子どもの気持ちに変化があったことを大切にし、その変化について職員同士でしっかり検討することが必要。年齢ごとの集団だけでなく、活動別や異年齢の集団を取り組みによっては工夫してもいいのでは。そういった様々な発想が大人には必要で、それは、子どもの姿から学び、今までの考えをつくり変えます。それを職員同士で取り組むことが大切ではないでしょうか。　　（文責：坪倉吉隆）

2　保育所等および専門施設における保育・療育の実践（2）
自閉スペクトラム症、発達障害

共同研究者　竹澤大史（和歌山）別府悦子（岐阜）別府哲（岐阜）
司会者・運営者　鈴木希世佳（千葉）塚田直也（神奈川）横山園佳（東京）
参加者　100名（保育士、幼稚園教諭、発達相談員、特別支援学校教員、大学教員など）

指定レポート

「好きなあそびから、保育者・そして好きな友だちへ」　和歌山　中本こころ・山本祥久
「おしゃべりまなくんと私たちの実践」　宮城　及川美穂、狩野美悠

前半は、基調報告、実践レポートの報告、後半は、2つのグループに分かれて実践レポートについて意見交換を行いました。基調報告では、別府悦子さんより、昨年の実践レポートから学んだ観点が提起されました。

・「過敏さ」の理解と受けとめ

大人の評価や嫌なことへの「過敏さ」を受けとめる時は、子どもにとって嫌なことをなくすよりも、いいことを増やすことが大切である。

・「安心」を保障する大人の存在

子どもの「安心」を保障するためには、子どもにとっての楽しさや居心地のよさをつくり、思いを共感してくれる大人の存在が重要である。

・多彩な集団の大切さ

子ども集団、保護者との関係、職員同士の関係など、子どもの育ちを支えるためには、多彩なつながりをつくっていくことが大事である。

その上で、発達段階の特徴や、発達と障害の関係について確認し、レポート報告に移りました。

◎**レポート報告**

中本・山本レポート　中本さんが実践をする第二こじか園では、生活の中で、本物の体験や日本の伝承文化にふれながら、じっくり、ゆっくり、たっぷり、ていねいな保育を大切にし、子どもが「やってみたい」と心動くような保育内容をつくっています。

レポートでは、部屋から走り去ったり、友だちを押したりするなど、様々なトラブルを起こし、常に見守りを必要するK君との3年間の、丁寧で、粘り強い関わりが報告されました。

K君は、「おまもり」として小石を指に挟んで過ごす子でした。保育士との「まてまて遊び」や「こちょこちょ遊び」が好きで、視線で「やって」と要求するなど、相手の関わりを求める様子が見られました。一方で、友だちを押したり、唾を吐いたりするなど、大人にとって困った行動が多く見られました。保護者同士も気まずい雰囲気になる中、「後追い保育」にならざるを得ない日々に、中本さんたちは悩み、葛藤します。

それでも、発達相談でK君の発達を科学的に捉え、本当のねがいを探りました。友だちを押すなどの姿には、「友だちと遊びたい」というK君の切なるねがいがあるのではないかと考え、K君の要求をしっかりと受けとめるとともに、友だちとの関わり方を具体的に伝え、関わりが自然と生まれるような活動をつくっていきました。

途中、お母さんの妊娠・出産という生活の変化に、K君の心は大きく揺れ動きますが、K君のねがいを受けとめ、じっくりと関わり続けました。すると、K君は、少しずつ苦手だった水遊びや粘土・砂を使った見立て遊びを友だちと楽しむなど、仲間と生活の中にある意味や価値を分かち合い、多彩な遊びを楽しむようになっていきました。

第二こじか園を卒園後、園を訪れたK君が、かつて共に過ごした保育士に「走りたい」と伝えたエピソードから、園生活を通して、K君が、親しい相手と心を通わせ、つながりをつくる力を豊かに育んでいったことを感じました。「困っているのは、大人ではなく子ども」という視点で関わることの難しさと大切さを学んだ報告でした。

及川・狩野レポート　狩野さんが実践をするなのはなホームでは、発達支援、家庭支援、地域支援の三本柱で療育を展開しています。地域支援で

は、保育所等の訪問や、園庭や保育室を開放し地域の子どもや保護者の方を援助しています。

レポートでは、まなくんとの約半年間の関わりが報告されました。一見すると、心配がないように見えるまなくんでしたが、困っていることの原因や理由がわからず、お母さんは、相談できる場所を探し続ける毎日でした。狩野さんたちは、地域支援の一環である園庭開放でまなくんとお母さんとの結びつきを丁寧につくり、発達支援へとつなげていきました。

まなくんは、集団の活動になると指しゃぶりをしたり、寝転んだりしてなかなか参加できませんでした。また、迎えに来たお母さんと帰ろうとすると泣き出すなど、園生活をうまく締めくくることができないこともありました。そうしたまなくんを見て、お母さんの表情は徐々に暗くなっていきました。そこで、お母さんとまなくんの心の変化や育ちについて丁寧に共有していきました。

まなくんとの関わりでは、まなくんが、何に困り、ドキドキしているのかを想像して、語りかけるようにし、「自分でできた！」と実感できる瞬間を増やしていきました。こうした取り組みを通して、まなくんは、「みんなと一緒にやりたい」という思いを育み、頑なに脱ぐことを拒んでいたジャンパーを脱いで、クッキング活動に参加するなど、生活の主人公として育っていきました。

「グレーゾーン」とされるまなくんのような子どもは、「できるのに何でやらないの」という視点で評価されがちです。子どもをまるごと受けとめ、保護者を支え、共に子育ての道を歩んでいくことの大切さを学んだ報告でした。

◎グループでの意見交換

まず、共同研究者より、実践報告を踏まえ、「子どものねがいを丁寧にくみ取り、集団を大切にして、保護者を援助してきた実践である。子どもを理解するまなざしや、保護者を支えるために必要なことを学び、深めたい」と討論の柱が提起されました。グループでの意見交換は、はじめに予めお願いしていた指定発言者から感想等の発言をしてもらい、その後、参加者同士で討議を行いました。

Aグループ　指定発言者からは、子どもの思いや大好きな遊びを軸に安心して過ごす生活を丁寧に積み上げること、職員集団で共通理解を図り、連携すること、保護者の子育ての理解者として信頼関係を築き協同することが、両レポートともに大切にされているとの発言がありました。一方で、保育・療育現場の現状では、十分な体制が取れないもどかしさが多いという悩みや、グレーゾーンの子どもたちの発達をどう捉え育てるかを悩む保護者が、保育所入所前に療育につながることの難しい現状についても挙がりました。第二こじか園やなのはなホームの取り組みや工夫を学び、深めていくことで、親子をまるごと受けとめる療育の存在の重要性について確認し合うことができました。

Bグループ　指定発言者からは、レポート報告への共感とともに、保育・療育の魅力を再確認したという発言がありました。子どもの発達要求をくみ取り、応えることこそが、療育の専門性ではないかと指摘されました。また、成人期施設で実践をしている方からは、早期療育の大切さや、成人期実践との共通性が語られました。

中本レポートへは、保育者が葛藤をどのように乗り越えてきたのかという質問が出され、悩みながらもK君にとことん付き合ってきたエピソードが語られました。及川レポートに関して、子どもの育ちを支え、保護者を援助する柔軟な地域システムをつくる運動を進めていくことの大切さを指摘する発言も出されました。

◎ねがいを受けとめ、一歩踏み出そう

分科会のまとめとして、共同研究者より以下のことが提起されました。

・まず、子どもの自我、ねがいを尊重し、丁寧に受けとめたい。その上で、一歩踏み込んで、友だちや大人との新たな交流が生まれるように、子どもや大人の素敵な一面を認め合えるような集団、生活づくりを大切にしたい。

・今回の実践報告から、子ども・保護者の悩みやつらさ、悲しみを受けとめ、援助するために必要な療育の中身を学びたい。併せて、そうした療育を実現するための地域システムをつくりあげる運動へと一歩踏み出したい。

（文責　鈴木希世佳・塚田直也）

3　保育所等および専門施設における保育・療育の実践（3）
肢体不自由・重症児

共同研究者　河村史恵(滋賀)　坂野幸江(大阪)　西原睦子(滋賀)　南有紀(和歌山)
司会・運営者　安藤史郎(大阪)　塩見陽子(広島)　松元巌(東京)
参加者　60名（児童発達支援、相談支援、保育所、研究者、医療関係者、教員）

レポート

「人との育ちの中で、外の世界を好きになったM
さんの育ちについて」　　　　愛知　吉田桜子

◎基調報告

　分科会を始めるにあたって、共同研究者の坂野
さんから基調報告がありました。本分科会では、
様々な身体的な制限のある子どもたちの、主体的
に生活、遊びに向かい、ねがいを捉えた実践を深
めてきました。身体的に制限があるために本人か
らの発信を読み取りづらく、受け身の生活になり
がちです。また、障害が重いがゆえに体力や姿勢
なども子どもの志向性の育ちや発揮に影響しま
す。育んできた力を引き出すための環境や実践、
集団づくりの工夫が必要で、本分科会ではそうい
った粘り強い取り組みの報告がありました。

　医療的ケアを必要とする子どもたちは、生まれ
た直後から多くの医療的な処置を受けて命をつな
げてきました。そのために、関わる「人間」に対
して恐怖感をもちかねないということも忘れては
いけません。自分と他者を知りながら内面を育
て、生活の主体者として生きていくことの意味を
教えてくれます。

　最近では医療的ケアを必要とする子どもたちが
利用できるデイサービスも増えてきました。毎日
同じ仲間と時間と場所を共有して育ち合う実践を
積み重ねることが困難になっている側面もありま
す。仲間と紡ぐ生活、職員や保護者も仲間づくり
を通して自信をもって子育てができる取り組みを
広げていく必要性や、他機関で連携して子ども理
解を深めていくといった課題が語られました。

◎レポート報告

　3歳児から名古屋市にある南部地域療育センタ
ーそよ風に通う、Mさんの3年間の育ちが報告さ

れました。入園当初は生理的な不快に支配され泣
いて怒ることも多かったのですが、お腹の張りを
取り除いたり生活リズムを安定させたりしなが
ら、人と過ごす心地よさを大切にしてきました。
ウエスト症候群のMさんは、視覚障害もあったた
めに、生活や遊び一つひとつに歌を歌って伝えた
り、場所が変わる時には行く先に手をふれさせて
から寝かせるなど、本人がわかって向かえるよう
な丁寧な関わりを続けてきました。2年目には、
発作の不快さがありつつも、担任である吉田さん
の声を聞くとハッとしたり、Mさんの遊びへの気
持ちの向け方も変わってくるなど、「この人がい
るから大丈夫」という気持ちのふくらみを見せて
くれました。5歳児では、吉田さんに抱っこされ
ると甘えるようになったり、友だちの声にまるで
共鳴するように声を出すようにもなってきまし
た。食べることが大好きなMさんは、炊飯器を運
び、米を研いでご飯を炊く当番活動で、「ウー」
と声を出し、「やりたいの？」の声かけに足をバ
タバタと動かして顔をあげます。みんなから「あ
りがとう」を伝えられると「やりきった」という
表情を見せてくれ、給食の時にはごにょごにょと
なんだか会話をした、と思えるような場面も出て
きたそうです。本物の経験を大切にした乗馬体
験、その経験を普段の遊びにもつなげるなど、生
活の中でのあこがれやわくわくどきどきする気持
ちをふくらませていった毎日登園での丁寧な関わ
り、実践が報告されました。

　質疑の時間には、Mさんの療育に通うまでの経
過やリハビリの行い方、子ども理解を共同で進め
る職員集団についての質問があり、レポートが深
められました。また、事業所や訪問型の支援が増
えたことで障害の重い子どもたちの生活が変わっ
てきている中で、私たちが蓄積してきた実践や保
護者支援の中身を発信することが必要という発言

もありました。さらに、発達的な理解をベースにした遊びの質を高めていくこと、そのための物理的な環境をどう整えていくのか、吉田さん自身がMさんとの関わりの中で療育という仕事にどう手応えをもち変わっていったのかについて深めていきたいという意見もありました。

◎グループ討議

4つのグループに分かれて行いました。討議にあたって、共同研究者より討論の柱となる発言がありました。

・コミュニケーションの質が変わっていったMさんの発達をどう捉えるか、子どもの見方を職員集団でどう共有しているのか
・Mさんへのリハビリの成果を療育の実践でいかし、生活をゆたかにしてきた。「主体的な援助の受け方」を実践の中でどう考えていくか
・遊びへの気持ちの向け方、身体を「自分で」どうするのか、に対して丁寧に取り組まれていた。各地での実践を交流したい
・乳児期から幼児期に移行するにあたって、対大人との関係から友だちとの関係を築いていったMさんは、集団の中でどう感じていたのだろうか
・それぞれの職場で、実践をどう振り返り、次へどうつないでいっているのかを共有したい

グループ討議では、柱に沿いながらも様々な意見や感想が出されました。食事や姿勢変換など肢体不自由の子どもと関わる時には職員にも不安があり、子どもにとって安心できる姿勢をつかむまでには時間がかかります。職員間での伝え合いの難しさ、単独通園になるまでの保護者への丁寧な取り組みが必要ということが話されました。

子どもたちにたくましくゆたかに発達してほしいという職員のねがいを込めたそよ風の子ども像は、大人との関係から友だちとの関係に変わっていくということにゆるぎないものをもっており、それを他職種や保護者と共有し、多面的に子どもを理解してきました。一方、関係を論じる時に「愛着関係」をどう考えるかということも話題になりました。子ども自身に「さわりたい」「やりたい」といった志向性があるからこそ不安を感じ、だか

ら人を求めます。関係づくりだけに焦点をあててしまうことで子どもの思いを置き去りにしないようにしなければならないという意見も出されました。新型コロナ禍においても、子ども自身が次の生活がわかり、主人公になっていく、生活をつくっていく、という視点に貫かれたのびのびとした実践から、自分たちの関わりが狭くなっていないかと、参加者それぞれが自分たちの実践も振り返ることができました。

◎まとめ

最後に、共同研究者である南さんから分科会のまとめがありました。

今回報告のあった実践は、子どもが自分から外界に関わろうとするためには欠かせない先生や友だちとの関係を築きながら、子どもが「安心できる」ということを大切にしてきました。それをなし得たのは、子どもが今どんなふうに思っているのかということをつかもうとして関わってきたからであり、子どもの表現に込められた思いを発達を軸にしてわかろうとする職員集団の姿勢がありました。また、子どもの生活をまるごと捉える時には保護者との関係が大事になってきます。一見どっしり構えていても、実は悩んだり、葛藤を抱えていることもあります。保護者をどう支えてどう変わっていくのか。物理的な条件が整わない中でも丁寧な保護者支援を大切にしているところもあるので、取り組みの悩みを出し合い、それぞれの地域でなされている実践をまた報告して学び合いましょう、とまとめました。

◎おわりに

報告を終えて、吉田さんは「子どもと同じ目線に立って一緒に楽しみ、つらい時もあったけれどもいろんな気持ちを共有してきた、そのうれしさを3年間で感じた」と語られました。

できないことばかりに目を向けて一方向的に他者を変えるのではなく、一緒に喜んだり悲しんだりしながらも、子どもも保護者も職場の仲間もみんなで育ち合える療育を考え合う分科会となりました。

（文責　安藤史郎）

〈学齢期全体会〉
子どもたちの「学ぶ権利」の保障と教育環境

司会者・運営者

石田　誠(京都)　児嶋芳郎(埼玉)　土橋知幸(奈良)　村田信子(埼玉)

指定レポート
情勢報告・課題提起
「『特別支援学校設置基準』がある時代の教室不
　足解消運動　『教育に穴があく』教員不足問題
　が全国に広がる中で」　　　　埼玉　村田信子
「『特別支援教育を担う教員』の専門性を巡る動
　向」　　　　　　　　　　　　埼玉　児嶋芳郎
実践報告
「自分らしく過ごせる教室づくり」
「子どもが喜怒哀楽をだせる教室に」
「ことばでのやりとりを楽しむ～ことばの授業っ
　て楽しい～」　　　　　　京都　支援学校サークル

　学齢期全体会は、テーマに基づいて2本の情勢
に関わる報告と課題提起、そして京都からの実践
報告という流れで、全国での課題を共有するとと
もに、実践を通してその課題にどう向かっていく
のかを議論しました。

◎村田報告
　村田さんは、昨年度に引き続き、国に「特別支
援学校設置基準」を策定させることができた「成
果」と、さらにその内実を子どもたちの学ぶ権利
の保障に「ふさわしい」ものにしていくための、
今後の展望について語りました。
　現在、全日本教職員組合（全教）が、全国の保
護者、教職員、市民らと共同しながら国に求めて
いくものとして、「在籍児童・生徒数の上限を150
名程度にし、大規模化の解消を図り、地域に根差
した適正規模の学校の設置を進める」こと、「1
学級2名以上の教員配置を基準として盛り込む」
こと、「障害種ごとに必要な特別教室や施設・設
備の規定を具体的に盛り込む」こと、さらには「既
存校において猶予されるとされるこの基準を、既
存校こそ早急に整備していく」ことが重要だとい

う提起がされました。それこそが「憲法と障害者
権利条約第24条『教育』でうたわれている、障害
のある人の最大限の発達と社会参加を保障するこ
と」につながっていくということを、改めて確信
できる報告でした。
　一方で、深刻な「教員不足」について、なぜそ
れが起こり、改善の兆しが見られないのかについ
て、様々なデータをもとにその背景と今後の運動
の方向性について報告しました。
　2000年代以降の政策の中で、教員の「非正規化」
が急激に進んだこと、そのことで教員一人ひとり
への負担が増え、学校の「ブラック化」が進んだ
こと、それにより教員志望者が激減しているこ
と、さらに悪循環として職場の管理統制の強化、
「働き方改革」の上からの押し付け、ゆとりのな
くなった職場で増え続けるパワハラとメンタル疾
患など、それらが施策によって生み出されている
ものであることを指摘しました。それらを改善す
るためには、教職員定数を増やすこと、管理統制
的な教育施策を転換することなど、「子どもも大
人も楽しく通える学校」をめざした運動が必要で
あると述べました。

◎児嶋報告
　児嶋さんは、「特別支援教育を担う教員」の「専
門性」に関わって、「新しい時代の特別支援教育
の在り方に関する有識者会議」や、「特別支援教
育を担う教師の養成の在り方等に関する検討会
議」などで進められようとしている、現場の教職
員に今後求められる研修や人事交流について、さ
らには教職をめざす学生の学ぶ大学のカリキュラ
ムについて、詳細な資料をもとに、その動向につ
いて報告しました。
　資料を読み解いていくと、国がすべての教員に
対して障害のある子どもたちに対する教育ができ

るようにすることを求め、そのために特別支援学校と小中学校の人事交流を活発化させること、小中学校での教員に対して特別支援学校で数年間勤務するような人事を進めること、特別支援学校の免許状の保有率を上げることなどを、現場に求めていくような方向性が示されています。また、特別支援学校の教員に対しては、「一定規模の集団に対する教科指導や生徒指導の能力が養われにくい」ので、「小学校との人事交流を積極的に行うことが重要」などという、特別支援学校の現場で働く者としては、疑問を感じざるを得ないことを根拠にした、短絡的な人事交流に向けての記述も見られました。

児嶋さんは、こうした教育行政の考える「専門性」について、免許状など目に見える資格的なものへの偏重、学習指導要領の実現や具体化に向けた方向性の強化も含め、教員個人の中で完結する矮小化されたものであるという問題点を指摘しました。同時に、私たちが考える教員の「専門性」については、丁寧な実践研究を進めながら、子どもたちとの関係性、教職員集団の中で発揮されるものとし、私たちの言葉で「専門性」を語っていくことの重要性を指摘しました。

◎京都・支援学校サークル報告

京都の支援学校サークルからは、3人の青年教師が実践を報告しました。情勢報告のような状況（教室不足、教員不足等）が現実にあり、管理の厳しい現場の中で、「カレーの会」という全障研のサークルを立ち上げ、カレーを食べながら日頃の悩みを交流するような活動を地道に続けてきた中で、それぞれの実践をミニレポートにまとめた経過とともに、そこで検討した実践が報告されました。

岸田さんからは、自分の世界で過ごすことが多かった中学部3年生の男子生徒が、その子の「好きなこと」を授業や学級の取り組みの中心に置き続けることを指導者集団でこだわることで、大人の意図を感じると「イヤだ！」のパニックの連続だった彼が、大人や友だちの誘いかけを受け入れて活動できるようになり、人への関わりを広げていった育ちが報告されました。友だちに笑いなが

らいたずらができるようになったこと、「べじたべる」という野菜を育てる活動が大好きになっていったという報告に、「ねがい」から始まる実践の大切さが共有されました。

都築さんからは、小学部の学級で、指導が細かに統一されていること（靴は右から履くなど）に対して、学級の担任集団で丁寧に話し合い、「子どもにとってどうか」に立ち返った実践の報告でした。流れに乗りにくい子どもを力で指導する空気がある中で、じっくりと子どもの世界に付き合い、子どもの思いを受けとめる中で関係をつくっていった、その地道な取り組みと子どもの育ちに、参加者からは多くの共感が寄せられました。

荒木さんからは、自立活動の言語指導の専任として、学級担任の先生たちと連携し、ごっこ遊びを中心に、子どもが「次は何するの？」と、期待に胸をふくらませる授業をめざしてきたこと、その中で「イヤ」が伝えられるようになったり、友だちに順番を譲れるようになった子どもの姿が語られました。自立活動が訓練的な要素で授業に持ち込まれることが少なくない中で、集団で楽しみ、時には葛藤するような授業づくりの魅力を、改めて感じることができる報告でした。

◎議論とまとめ

議論では、まさに報告にあるような状況が様々な形で起こっており、現場が汲々としていることが各地の参加者から報告されました。また、そうした背景に、学習指導要領を教育課程、教育活動に組み込もうとする強い動きがあることも見えてきました。

最後に奈良の越野和之さんが、京都の実践が、厳しい中で自主的な実践研究を地道に重ねながらまとめられたものであることに触れ、その価値を丁寧に積み上げていくことが専門性であり、子どもの権利を守るために、教育条件を前進させる運動につながっていくのではないかと発言しました。全国それぞれの場所で奮闘している参加者の声に、明日からの実践の糧を得ることができた全体会でした。

（文責　石田　誠）

4　通常学校における教育（通級指導を含む）

共同研究者　宮本郷子（大阪）
司会・運営者　久保由美子（京都）児嶋芳郎（埼玉）篠田友子（埼玉）
参加者　40名（通級指導教室の担当者、通常学級の教師など）

指定レポート

「通級指導教室における教育的ニーズの変化について」　埼玉　篠田友子

「『自分ってなかなか良いところもあるな』と思える人生を」　兵庫　勝部建一郎

◎縁の下の力持ちとしての支援

篠田さんは、現在自身が通級指導教室の担当者として進めている実践の中で感じている通級指導教室の状況と課題について報告しました。

篠田さんが勤務している埼玉県には2021年度時点で発達障害・情緒障害通級指導教室が251教室設置されており、年々増えてきています。2018年度からは在籍児が13人以下の教室が認可されづらくなり、市町をまたいで13人以上となるようにして設置されていることもあります。そして市町教育委員会は1教室13人を割らないように前年度の12月までに翌年の通級指導教室児童生徒数を確定させるようになっています。また、いくつかの市町では指導期間を決め卒級させることも起こり、篠田さんが勤務している市では指導期間が3年とされました。

現在の学校は、全体を同一化しようとする同調圧力が強まり、長年教員をしている篠田さんでも息苦しさを感じるほどで、指導が難しい子どもが通常学級からはじかれていっていると、指摘します。現在担当している通級指導教室では通ってくる子どもの数が多く、自校通級の子どもの指導が週1時間となっています。その限られた時間であっても、さまざまな子どもたちの状態に応じて指導を工夫してきています。篠田さんは通級指導教室の担当者は、困難を抱えている子どもの思いや言葉を、通常学級の担任や保護者に伝える通訳としての役割が大きくなっており、生活や学習を支える縁の下の力持ちとしての支援が必要であり、通常学級で居場所をみつけづらい子どもたちが、自分らしく過ごせるように日々見守るのが通級指導教室の担当者の仕事だと強く感じたと言います。

そして、通常学級では子どもたちに多くの負担をかけるような教育課程となっていて、制約の多い毎日の生活を送っており、切り替えがうまくいかないと、とてもそこでの生活についていけない状況であり、私たちには障害児教育に携わる立場から、通常学級を見ておかしいと思うことに対して声をあげていかなければならないと感じており、どの子も大事にされる学校、本当の意味のインクルーシブな学校にしていきたいとまとめました。

篠田レポートを受け、参加者からは各地の通級指導教室の状況が語られ、地域によってさまざまな実態があることを共有しました。共同研究者は、現在の教育行政は子どものことをまるごと捉えるのではなく、困難な部分を通級指導教室で指導し、それが改善されれば通常学級に戻すといった考え方をしているように感じられると指摘しました。また、通常学級の指導が非常にマニュアル化してきて、どの子も同一化しようとする風潮が高まり、まわりに適応しづらい子どもや成長・発達がゆっくりな子どもが通常学級からはじき飛ばされ、通級指導教室に通うようになっている場合も多く、通常学級の定数を大幅に引き下げ、教職員を増やしていく制度的基盤の整備と通常学級の学習集団づくりのあり方なども検討していかなければならないと述べました。そして、通級指導教室では、子どもの発達の土台となる力を育てていくことが大切で、そういった取り組みについて交流していくことが大切だとしました。

◎まんざらでもない自分を感じるために

勝部さんは通級指導教室の担当になって4年目。1年目の時に1年生であった奏さんとの4年間の関わりについて、保護者との連絡に活用している「通級ファイル」の記録をもとに報告されました。勝部さんは、2022年度自校に設置されている通級指導教室で3日間勤務し、残りの2日間は他校（1校）に設置されている通級指導教室に「巡回指導」を行っています。

勝部さんは、子どもたちが初めて通級指導教室に来た時には、通級指導教室でがんばりたいことを聞くようにしています。それは本人ががんばりたいという思いを大切にしたいからだといいます。勝部さんは奏さんにまわりとのコミュニケーションをしっかりととれるようになってほしいと思っていましたが、奏さんの答えは「算数をがんばりたい」でした。その言葉を受けとめつつ、奏さんと話す中で妹との関係で「よくないな」と感じていることがわかり、その思いを大切にして取り組みを進めていきたいと考えました。

実際の指導では、相手の気持ちを考えられずに相手の嫌がることをし続けてしまう傾向がある奏さんに対して、「気持ちの言葉」を使って話す取り組みや、2年生の時には相手の表情を読み取る取り組みなどを行っていき、苦戦しながらも自分なりに相手の表情を読み取って、相手がどういった気持ちなのかを想像できるようになっていきました。

しかし、3年生になると友だちとのトラブルが頻発するようになります。1学期の途中から、「今週の奏くん」と題して1週間の出来事を振り返ることに取り組みます。3年生の1年間は気持ちが落ち着かない奏さんでしたが、何度もケース会議を重ね、担任だけではなく学年の教師全体で奏さんが起こすトラブルに対応する体制をつくり、奏さんの思いを丁寧に聞き取ることを行っていきました。すると、次第に奏さん自身が自分の困っていることやトラブルが起こった時の状況を伝えることができるようになっていきました。4年生の時には、通常学級の同級生に奏さんのことについて勝部さんが話す機会も設けました。

勝部さんは奏さんの学校生活の目標を、「相手の気持ちを読み取れるようになり、友だちと仲よく過ごせるようになること」と考えていました。

そして、もちろん学校生活の目標としてはそれが第一だと思うが、しかし彼の「めざす人間像」とは何かを考えているうちに、友だちと仲よく過ごせることの、その先の目標というべき「自分には良いところもあるなと思えること」という姿が見えてきたと述べました。

勝部実践について参加者からは、通級指導教室の担当者の役割とは、通常学級の担任が発達障害などの子どもにはまわりの状況がどう見えているのか、どう感じているのかを読み取って、学級の他の子どもたちに伝えていく役割を果たすことができるようにサポートすることではないか、通級指導教室では発達障害などの子どもが自分自身の感情にしっかりと気づくことができるような関わりが大切ではないかといった意見が出されました。共同研究者は、子どもの気持ちを丁寧に聞き取り、受けとめている実践であり、通級指導教室担当の教師の専門性とは発達検査を行うことができるといったものだけではなく、教師として子どものことをまるごと捉えることができる力なのではないかと提起しました。また、通級指導教室だけで対応するのではなく、通常学級の担任や学年の教師、学校全体が子どもに関わっており、いわゆる学校ぐるみの校内体制や同僚性が発揮されており、そのことも大切なことだと指摘しました。

◎制度的改善とよりよい実践の創造

レポート報告を受けた後、全体での討論を行いました。参加者からは、通級指導教室の役割、担当者の専門性とは、通常学級の状況と課題、などが出されました。

最後に共同研究者がレポート報告や全体討論を受けてまとめを行いました。通級指導教室の担当者の専門性として①子どもが抱えている困難の根本を発達的な観点から理解することが大切（発達的な理解）、②表面的に現れている行動ではなく内面的な背景をつかみ、子どもの痛みをわかることが大切（共感的な理解）なのではないかと指摘、その上で、③喫緊の課題である通級指導教室や通常学級の教育環境の改善を求める、④子どもを中心に据え、子どもと保護者、教職員のねがいを束ね、よりよい実践のあり方を追求していくことが大切だとまとめました。　　　（文責　児嶋芳郎）

5　障害児学級の実践、交流・共同教育

運営者　池田江美子（埼玉）池田翼（奈良）石原真由美（埼玉）
　　　　　大島悦子（大阪）高橋翔吾（大阪）森敦子（高知）
参加者　50人（教員、放課後等デイ職員、就学前・成人施設職員、保護者、専門職、大学生など）

指定レポート
「ハルにとって　安心できる　教室を作る」
　　　　　　　　　　　　兵庫　加古さやか
「中学校特別支援学級開設〜2年の実践」
　　　　　　　　　　　　埼玉　近藤弘司

◎レポートと討論の概要

加古レポート　小学校障害児学級（ふれあい学級）に4年生から在籍するようになったハルくんとの1年間の報告でした。ハルくんは不安が大きい子どもでした。6月のプールや9月の運動会の練習、交流学級を嫌がり突然逃げ出したりしました。見通しが持てないことが原因ではと思われました。ハルくんの心を探ろうと、思いつく理由を示したり、困った時に助けを求めるよう本人と話し合ったりしてみましたが、解決策は見いだせません。

ハルくんの姿をどう捉えたらいいか、悩んでいた加古さんでしたが、前担任から、まわりの様子が見えてきたから自信がなくなっているのではないかというアドバイスがあり、加古さん自身もハルくんと関係性をつくってきたことに確信を持てるようになっていきました。ハルくんはその後、交流の教室から飛び出していった後、校庭で野花を摘んでくるようになりました。加古さんはハルくんのその様子を見守れるようになりました。

ハルくんの不安な理由がわかってきて、加古さんが言語化して返すと意思表示するという関係ができてきました。時間割のマグネットを自分で張り替える姿に理由を補足してもらうとうなずいたり首を振ったりして気持ちを表現するようになりました。3学期になると、加古さんが用意したいくつかの理由を「違う」と言い、本当の理由を話すようになりました。

ハルくんの気持ちをわかろうとして、丁寧に寄り添う加古さんと、そういう加古さんを頼りに「心の筋肉を付けて」成長していったハルくんの姿が印象的な報告でした。

討論では、ピザづくりなどのふれあい学級の楽しい実践、野花摘みを一緒にするゲンくんや、ハルくんのことをわかってくれる学童クラブの友だちのこと、加古さんが休んだ時に、加古さんと同じようにやさしくハルくんの背中を押してくれた先生たちのことなどが、補足されました。自分を理解してくれる先生が複数いることで子どもたちは不安が解消できること、そのために校内で理解を広げることの大切さなどが、参加者から発言されました。ハルくんを支えてくれたのは加古さんだけでなく、友だちの存在があったことや、学級担任間での連携のよさが明らかになりました。

共同研究者は、加古さんの実践のポイントとして、①ふれあい学級での豊かな活動があってこそのハルくんとの実践であった、②受けとめてくれる先生の存在が、不安な気持ちを言葉で伝えられる姿へとつながった、③こうした実践ができた背景には、障害児学級の先生たちの連携があると述べました。また、ハルくんが本当に求めている学習・学級集団がこれから見えてくるのではないかとも指摘されました。

近藤レポート　中学校に新設された障害児学級での、交流・共同教育の視点を中心にした報告でした。「（学校）スタンダード」「凡事徹底」といった言葉のもとに厳しい状況にある中学校。全校の職員と生徒の中に学級が位置づくよう努力を惜しまず、職員とのコミュニケーションを大切にし、学級では5人の生徒たちに向けて、それぞれの担任の得意を生かした手ごたえのある授業に取り組んだとのことです。

秋の全校を挙げての合唱コンクール。担任集団で話し合いを重ね、集団が苦手な生徒や不登校気

味の子もいる中、学級独自で出ることにしたものの、大ホールのステージ。日頃同じフロアで縁のある３年生に呼びかけ５人の生徒と一緒に歌う「梛（なぎ）の木合唱団」への参加者を募集することにしました。事前に管理職の理解、運営委員会への提案、学年主任や教務への理解を周到に準備しました。いざ呼びかけると29人も集まり、昼休みの練習を経て本番に臨みました。元同僚のK先生からは、「みんなで同じメロディーを歌うことで、一体感が得られた。参加した３年生は、最初、自分たちががんばるという気持ちだったが、一緒に練習をするうちに歌い方が変わってきた。コンクールが終わってから、校内の教員たちがいい意味で興味をもつようになり、支援学級の生徒に対する接し方が変わった」との補足がありました。当日の写真とステージの映像が披露され、クラス紹介を堂々と読む学級の生徒や、学級の生徒を真ん中に29人が「ひまわりの約束」を美しい声で斉唱している様子が流れました。

　また、３年生に向けて「理解授業」を行いました。年度初めに職員へ説明や理解・配慮を伝えたのと同様に、生徒に対しても正しく伝えたいと考え、事前の生徒へのアンケートを基に授業を組み立てていきました。生徒からは率直な感想が寄せられ、自分の苦手にひきつけて考えを述べたものもありました。こちらからお願いして行った「理解授業」でしたが「毎年やってほしい」と要望が出て今では３年生の学習に位置づいたそうです。

　討論では、「交流を経ることで、３年生たちや学級の生徒たちにどのような変化があったのか」「ともに生きていく存在になるのか」「きっかけは助けてあげようでも、歌に魅力があり、その練習過程で心が動くことが大事なのではないか」と意見交換がなされました。

　共同研究者からは、次のような発言がありました。

　中学校という厳しい状況の中で新設学級が市民権を得られるよう打って出るエネルギーあふれる実践に敬意を感じる。学級の中で生徒のねがいに寄り添った充実した取り組みがあってこその合唱コンクールや理解授業の取り組みだ。「スタンダード」がはびこる中学校で教員の障害のある生徒への見方が変わったことが素晴らしい。全障研で

培ってきた交流・共同教育は、文科省がいう通常教育の中に混ぜ込むのとは全く違って、３つの柱（①直接交流…合唱コンクール、②間接交流…理解授業、③自己理解）があり、「権利としての障害児教育」に立っている考え方。基礎集団で生きる力を育むことが大事で、生徒だけでなく教職員も安心して本音が出せることが大事だ。

◎共同研究者のまとめ

　この分科会では、小中学校の障害児学級の実践報告をもとに、子どものねがいに寄り添うこと、集団をつくり、豊かな文化や価値ある学びをつくることなどを大切にした論議を進めてきました。また、今回初めて分科会の名称に「交流・共同教育」が加わったことは新しい試みです。学級の実践と「交流・共同教育」は、密接に関わり合っています。学級の枠を越えて校内の児童生徒教職員に学級の実践を広げていく大切さを学べたことは有意義でした。

　障害のある子どもを見る３つの視点は「発達・障害・生活」で、発達は私たちの学びによって子どもの見え方がわがままとみるか不安やねがいの表れとみるか違ってくる。障害を知ることで困難の裏にある学びたいという要求がわかる。生活を知ることで子どもの喜びや悲しみがわかる。

　障害児学級をめぐる状況は厳しく、2007年の特別支援教育スタートからの発達障害児の急増は、通常学級教育の劣悪さの反映であること、2022年４月の特別支援学級在籍児の教育の場に関する文科省通知について、どこで学んでいる子どもたちにも教育を保障すること、そのための教育条件整備と私たちの実践力が大事です。

（文責　高橋翔吾・石原真由美）

6　障害児学校の実践

共同研究者　三木裕和(兵庫)　山中冴子(埼玉)
司会・運営者　塩田奈津(京都)　芝崎俊貴(埼玉)　太壽堂雄介(長野)　古澤直子(東京)
参加者　96名

指定レポート
「A児から学んだこと―みんなと一緒に―」
　　　　　　　　　　　兵庫　木嶋慶子
「ともに議論する仲間に～豪雨災害の学習～」
　　　　　　　　　　　鳥取　澤田淳太郎

　分科会のはじめに、共同研究者の山中さんからは、ICTの活用や個別、最適化が言われる教育現場において、ICTの活用の仕方、集団づくりや対面での学習の大切さを改めて問いたい。学習指導要領が示す個別とは、最適とは、その言葉の解釈を考えなければならない。個別、最適はこれまで全障研が大切にしてきたことであるが、何が違うのか。2本のレポートから考え、学んでいきたいとの提起がありました。

◎レポート報告
木嶋レポート　知的障害、ADHDを併せもつA児（小6）の1年間の実践報告。A児は、新版K式発達検査で全領域3歳5ヵ月、身辺自立はできており、手先は器用だが、体幹は弱く、姿勢保持が難しい。文字は読めないが簡単な言葉でのやりとりが可能。不安やこだわりが強く、また、衝動性が高く、他傷や自傷が激しいため、対応に苦慮する子として校内で有名だったとのこと。木嶋さんは、教師や友だちと関わりたい気持ちは強いが、気持ちの揺れが激しい行動につながり授業に参加できないことが多い彼女に、クラスのみんなと楽しく過ごす経験をたくさん積み重ねてほしいと、担任集団で目標を立て、関わりを始めます。木嶋さん以外の担任とも一緒に過ごせるようにと、A児については、担任集団で時間をかけて話し合い、共通理解をはかり、関わってきた経過も報告がされました。関わりを振り返り、木嶋さんは、自傷や他傷が激しく、警戒せざるを得ず、そ

こに労力を使ってしまったことが悔しい、力はあるのに問題児扱いされていることが残念でならない、もっとできる支援があったのではないか…と実践での苦悩と内省を語りました。また、彼女の気持ちを言葉にすることで、余計に気持ちを乱すのではないかとあえて触れないようにしていたことについて、もっと彼女の気持ちを言語化してあげるべきだった…とも振り返りました。

　討論では、参加者から最初に、うまくできなかった実践を報告することはとてもハードルが高いこと、という言葉があり、悩みや苦労、心の声までをも丁寧に報告した木嶋さんへの敬意が寄せられました。さらに、A児がしんどさを抱えていることへの共感的な理解の大切さ、A児の本当のねがいを探ることや、自分への信頼やいい自分を味わえる瞬間を考えることが大事なのではないかなどの発言、また、本人の不安への共感的理解と、気持ちを言語化してあげることが大事だったのではないかという発言もありました。討論を受け、木嶋さんは、いろんな人と関われることがよいと思い、それを目標の一つにしたが、まずはこの人がいれば…という核になる人、その人との関係をつくることが大事だったのかもしれない、また、彼女のしんどさや不安に寄り添い、「ことば」「気持ち」「行動」を整理する手助けや、気持ちの言語化が必要だったと話されました。

　共同研究者から次のようなまとめがありました。いろんな苦労があったと想像ができる。元気そうに見えるが、A児は自分の身体をコントロールするのが大変であり、身体の面でつらさがある子だという理解がまずは必要である。また、発達的に彼女を理解する時、3歳半頃は、自我が拡大し、やりたい気持ちは大きくなるけど、うまくできないといった時期。同時に、承認要求が強い時期でもあり、周りからの評価に敏感になってい

る。できた・できないで褒めていると、褒めることが少ないため、本人は救われない。うまくいかない、でも努力したところ、それまでのプロセスをすくってもらう、評価してもらうといった細かな受けとめが必要な時期である。自分の力をうまく発揮できない障害のある子にとって、その葛藤や気持ちを受けとめてもらうことができるのが学校。また、友だちと遊ぶ、のびのびする時間、評価という枠を越えて自分らしさを発揮できる時間があることも学校として重要なのではないか。

澤田レポート　高等部と高等部専攻科の合同で行った豪雨災害の学習の報告。澤田さんは青年たちと過ごした時間から、障害のある自分と向き合う中で自己否定的になっている青年たちに、悲しみや不安を感じとり、だからこそ、誇らしい自分を感じてほしい、わからないことはダメなことではなく、わかることはおもしろいことだと気づいてほしいというねがいをもちます。そして、実験を通して雲の成り立ちを学習し、身近な科学的事実から豪雨災害の要因や、気候変動に対して自分にもできることがあることに気づいてほしいとこの実践に挑みます。1時間目は、大がかりな実験で上昇気流を起こし、「雲」の成り立ちを学習します。授業後には、「小中学校では実験をさせてもらえなかった」と話してくれた生徒や、雲への関心が高まった生徒もいたとのこと。さらに「豪雨」の学習では、ジョウロを使って地面が崩れる実験などに取り組みます。そして、「気候変動」の学習へと授業を進めます。実践を終えて澤田さんは、自分の身の回りにある、見えていなかった世界への理解を深めていくおもしろさを感じてくれたように思うと話しました。また、青年たちの学びの理解は様々だったけれど、学んだことをどのように使うかは生徒の数だけ多様であっていい、それぞれの理解に意味があると語りました。最後に、学習したことが、豊かに生きる上での自信や自己実現のための原動力につながってほしいと語る澤田さん。その報告からは、生徒へのねがいと信頼が伝わってきました。

　討論では、豪雨や環境問題を、身近なところで起きていることとつなげて考えていくことはなかなか難しいが、授業として取り組んでいることへの敬意が寄せられ、科学的な知識をしっかり学ぶ

ということが、今後の生き方にどう生きるのかという学びの本質は、障害の有無関係なく大切なことなのではないかといった発言がありました。また、昨年度の分科会討論を振り返り、次のような発言もありました。作業学習などが主流の学校現場で、こういうことがわかった、実験をしておもしろかったに留まらず、科学的な物の見方が、知的障害のあるこの子たちにも大事なんだという押さえは必要ではないか。さらに討論では、実態に幅がある中で、今回の授業や実験について、生徒それぞれの理解はどうだったのかという問いや、発達段階に応じた教材や授業内容などについても討論されました。

　共同研究者は、澤田報告と討論を受け、科学について諦めずに取り組めるのは、そこに生徒の学びに向けた熱意と生徒への信頼があるからだろうと発言。青年期だからこそ、作業ばかりではなく、こういった学びの価値を確認していきたい。文科省が言う「社会に開かれた学び」とこのような実践と何が違うのか、青年期の学びの価値を考え、説明できる言葉を持つ必要があると提起しました。また、特別支援教育において、心の動き、喜んだ、楽しんだといったことが軽視されていることを批判的に捉え、知性と感情は手を取り合って活動するものであり、学習指導要領どおりにやればいいではなく、生徒たちにとっての意味、どうしてこの授業を行うのかを考えることや、教え込むというのではなく、彼らと一緒に真理を追究していくという姿勢が大切だとまとめました。

◎討論のまとめ

　最後に、以下のようにまとめがありました。体系的な教材のつながりを強調し、教育内容の体系性を求めてくる行政。そこには、社会的なニーズ、トップダウンの構造がある。日本は、統一的に教育課程が決められているが、教育課程はもっと自由で個性的でいいのではないか。障害のある子たちは、授業の中で"わかる"ということから排除され、人権を奪われてきたのではないか。感情を動かし、知的に何かをわかっていくというところにこの実践の価値がある。澤田レポートのまとめと重ね、分科会の課題の提起でもあったと思います。　　　　　　　　　（文責　古澤直子）

7　放課後保障と地域生活

共同研究者　佐々木将芳(静岡)　村岡真治(東京)
司会・運営者　鈴村敏規(大阪)　田中祐子(東京)　中村尚子(埼玉)　益本裕美(埼玉)
参加者　52名（放課後等デイサービス事業に関わる職員など）

指定レポート

「保護者とともに創る放課後活動―7年目、ゆめクラブ保護者会の歩みから―」兵庫　竹上道邦
「2021年度報酬改定問題を運動の力に変える」
東京　加辺紘樹

基調報告では、放課後等デイサービス（以下「放デイ」）の、2021年度報酬改定の問題点について報告されました。報酬改定が実施された結果、赤字となり、存続すら危ぶまれる事業所が多数あります。赤字を減らすには，職員を減らして人件費を抑えるしかありません。しかし、国の職員配置基準（10対2）まで職員を減らすと、子どもを十分に育てることが難しくなります。子どもを豊かに育む実践を保護者・関係者に受けとめてもらうことで職員は励まされ、さらに実践に打ち込んでいく好循環が生まれます。実践を社会に発信して、制度改善の社会的な合意を形成していきたいと思います。

◎レポート発表と討議

竹上レポート

「ゆめクラブ」には小学1年～高校3年までの子どもたちが通っています。それぞれのライフステージに合わせて「自分で決める、生活を創る。仲間、集団でふれあう、折り合う、力を合わせる」活動を大事にしています。設立当初から保護者会の活動に力を入れていて、「性教育学習会」「就労の場の見学」「地域の祭りに参加して交流を深める」等を行っています。最近、保護者間で活動への参加（意識）に差が出てきたり、新型コロナ禍で集まること自体が難しかったりという状況があり、保護者が学校にもどこにも相談できずに、一人で悩みを抱え込んで、親子関係が難しくなっている事態が見受けられました。クラブでは「こんな時期だからこそ」と、「おしゃべり会」を設定したり、クラブでの子どもの変化を具体的に保護者に伝えたり（例：公共交通機関を使った「自力通所」で自信がついた）などの工夫を行った結果、積極的に活動に関わる保護者が増えていきました。今後も「思いをつなぎ、学び合えるような保護者会」をめざします、と報告されました。

討議内容

「保護者とクラブとが共に良い関係を続けていくにはどうすればよいか」と質問があり、竹上さんは「昔とは違い、今は放デイをはじめいろいろなサービスを選べる時代になっている。保護者がいろいろな情報をインターネット等で調べ、クラブに対して『●△の取り組みをしてほしい』とリクエストされ、クラブ側ができないと返事をしたらすぐに違う事業所に移られるというケースもある。一方で、『ねばならない』の価値観に縛られて、一緒に考えて取り組むことが難しくなってきている親もいる。クラブでの子どもの様子や成長している姿を写真で紹介するなど工夫して保護者に伝えたり、『できること』を出し合って、少しずつ保護者にお手伝いしていただけるような働きかけをしている」と話しました。

共同研究者からは、「支援費制度から20年余り、今はいろいろなサービスを選べる時代になり、保護者の意識も年々変わってきている。しかし大切なのは、子どもの成長を共に喜び合えることができているかどうかだ。『ゆめクラブ』の『自力通所』の事例は素晴らしいと感じた。ただこうした実践が保護者との共通認識として互いに受けとめることが難しい時代になってきたのも事実であり、いわゆる『○○型デイサービス』などの聞こえはよい即時的ニーズだけを満たすような事業所も増えてしまっている。こうした現状では、今後の制度改正でますます放デイがいびつな仕組みに押し込

まれてしまう」と、まとめられました。

加辺レポート

　障害児放課後グループ連絡会・東京（以下「放課後連・東京」）では、放デイの2021年度報酬改定に対して、各事業所の安定した運営が危機だとして、東京都議会へ署名付きの陳情書提出に取り組みました。2021年2月から1ヵ月余りで1万2475筆が集まり提出したところ、5月の都議会本会議で「意見付き採択」として議決されました。さらに都・議会各会派と懇談を重ねた結果、令和4年度東京都予算案の中に「都型放課後等デイサービス事業」が組み込まれ、3億700万円が予算化されました。強い思いを持って進めてきた結果、形として実現できたことで、運動の大切さを確認できました。しかし、補助制度の内容は放課後連・東京の訴えていた内容とは程遠いもので（例：7個の要件をクリアしなければならない）、引き続き内容の改善を求める運動を続けていきます、と報告されました。

討議内容

　放課後連・東京と同じく、県単位で放デイの連絡会をつくっている方は、「東京は動き出すのが早いと思った。見習いたい。わが県でも取り組み

たいが、『国の言うことだから』と新しい取り組みはしない傾向にある。80～90年代は運動が盛んで、市独自の補助制度が実現できたが、現在は運動力が弱まっており、それが課題だ」と話されました。

　また、「市からいきなり受給者証の支給日数を23日から15日にすると手紙が届いた。保護者もあせり、関係者に相談したところ、市の対応は適切ではないとの意見をいただき、市へ届けたところ、現状の23日のままに戻った。運動することは大切ですね」との感想が出ました。

　共同研究者は、次のようにまとめました。

　「都型放課後デイ」は、補助要件のハードルが高く、報酬改定で運営困難に陥っている事業所を支えるものになっていない。だが関係者からは「都単独の補助制度はできない」と言われてきたにも関わらず、補助制度自体はできた。運動は人々が集まって問題を共有するところから始まる。そして、何もしないでいるか、それとも一歩踏み出してみるかで、その後の状況はまったく異なってくる。「報酬改定で運営困難に陥っている事業所を支えるものになっていない」という矛盾を運動の力にして、補助制度を改善していきたい。

（文責　鈴村敏規・益本裕美）

〈青年期、成人期の実践〉〈ライフステージを貫く実践と課題〉合同全体会
権利保障の今日的課題

運営者
河合隆平（東京）　木全和巳（愛知）　小森淳子（岐阜）　白沢 仁（東京）　船橋秀彦（茨城）

指定レポート

「語り合う会『優生保護法とわたしたちの子育て』から見える差別と偏見」
　　　　　岐阜　小森淳子／愛知　橋本 潔
「じりつに向かって、ライフステージをひとつずつ最高のステージに」　　　大阪　清時忠吉
「障害者権利条約の日本審査をふまえて」
　　　　　　　　　　　　　東京　佐藤久夫

　昨年に続けて「権利保障の今日的課題」というテーマを設定しました。障害者権利条約の日本審査と初回の総括所見の公表を目前に控え、障害者権利条約を手にした私たちの実践と運動にいかなる可能性があるのか、その展望と課題を学び合う機会にしたいと考えました。

◎レポートの概要

小森・橋本レポート　初潮を迎えた時、母から「こんなもの、あなたに必要ないから、手術すればいい」と言われた女性。「もう一人いるからいいんじゃない？　卵管縛ろうよ。育てるの大変だから、二人目はもういいんじゃない？」という医療者の言葉。小森さんは、自身が立ち上げた「語り合う会『優生保護法とわたしたちの子育て』」に寄せられた結婚や妊娠・出産・育児にまつわる当事者の差別の体験を紹介しました。小森さんは、障害のある人の子育て支援は、障害の有無に関わらない「ケアされつつケアする権利」であり、ケアの家族責任や自己責任を問い返す問題だと提起しました。障害のある人の性と生殖に対する差別・偏見は、家族や支援者の中にも根深くあります。また、出生前検査が拡大する中で、個人が自らの手で「セクシュアル・リプロダクティブ・ヘルス／ライツ」を取り戻していくことが、命の尊厳と女性の中絶の権利をめぐる分断や対立を乗り越えていく第一歩ではないかと話しました。

　子育ては大変ですが、楽しい日常もあります。子どもが秘密にしていたいたずらも視覚障害のある親に「実況中継」してしまうなど、微笑ましいエピソードも紹介されました。しかし、こうした現実は知られる機会が少なく、「子どもがかわいそう」という世間のイメージと大きく乖離しています。小森さんにとって、そうした楽しい子育ての鍵は「パートナーとの対等な関係」「自己決定」「人権・反差別に立った生き方」にあったと述べました。

　小森さんたちの姿は、若い世代にとってモデルとなっています。語り合う会に参加した大学生の橋本さんは、母親から「結婚はしてほしいけど、子育ては難しいかな」と言われた体験を語りながら、それは自分とパートナーが選択することであり、「できない」と決めつけるのではなく「どうしたらできるのか」という視点から支援は始まるのではないかと話しました。自分も別の誰かを排除していないか、障害者も多様な個人であることを忘れないようにしたいという橋本さんの言葉は、差別と向き合う認識として大切だと思いました。

清時レポート　清時さんは、夫婦と子ども３人の５人家族ですが、今回は障害のある息子さん２人のうち長男の子育てを振り返り、「じりつ」に向けてライフステージごとに大切にしたいことを話しました。息子さんは小学部から支援学校で学び、放課後は学童保育で地域の子どもたちとともに過ごしました。学童保育は、学校や家庭とは違う自分を出せる居場所になりました。ある時、加配の指導員に「がんばっても歩けるようにならないので、訓練に行きたくない」という悩みを打ち明けた時には「しんどい時は休んでいいよ」と受けとめてくれたそうです。思春期には「反抗期」

も経験し、入浴介助をする母親との距離をうまくとりながら介助を「卒業」していきました。OTの訓練で息子さんが作った小さなぬいぐるみを、母親はてっきり自分にプレゼントしてくれると思っていたのですが、渡したのは気の合う友だちだったというエピソードからも、しっかり親離れしていっている様子がうかがえました。

　清時さんは、常に息子さんの思いを尋ねて、そのねがいを尊重する関わりを大切にしてきました。そうした子育ての中で「育児書」「ほかの子ども」「きょうだい」と比べないという「ヒカクしない三原則」も生まれてきました。高等部卒業後の進路についても息子さんに「作業所か専攻科か」という選択肢を提案し、本人ともよく話し合って福祉事業型専攻科を選択し、今、「大学生活」を楽しんでいるそうです。

　そして、「6・3・3の子ども期12年間」に続く「4・4・4の青年期12年間」という提起には、参加者からも大きな共感が寄せられました。「4・4・4」とは「大学生活」・「働く大人として慣れていく」・「親から離れて暮らしの場への移行」です。本人が30歳くらいまでに「じりつ」ができたらと希望を語りましたが、「じりつ」という表現には親子それぞれの「じりつ」へのねがいが込められています。そして「働く大人へは『急げ、急げ』と急かされ」「じりつ生活へは『無い』からと待たされ」という言葉とともに、ゆっくりとした「じりつ」を思い描けない支援や制度の現状を改善していかなければならないと提起しました。
佐藤レポート　佐藤さんは、障害者権利条約の視点から2つのレポートを読み解き、権利条約の総括所見を国内の運動と政策に反映させるための課題を提起しました。結婚・妊娠・出産・育児の権利は、第23条（家庭および家族の尊重）に示されていますが、それは締約国に人間の尊厳や完全に平等な市民としての認識を求める第1～4条の総則規定に関わるものであり、小森さんたちの「語り合う会」は、先駆的事例から政策化へのプロセスとしても重要な実践です。

　見学や体験も交えながら、常に息子さんの評価と選択を尊重して利用する施設を決定してきた清時さんの子育ては、第1条（目的）、第3条（一般原則）、第12条（法の下の平等）の「テキスト」

のような実践です。第3条の一般原則の（h）が示す「アイデンティティの保持」は、子どもが自己否定しないような「最善の利益」（子どもの権利条約）の保持や発達しつつある能力の尊重に関わって重要です。

　佐藤さんは、権利条約に照らした日本の課題として、障害者を1ヵ所に集めて指導・支援するリハビリテーションモデルのサービスが重視され、本人が選んだ生活や活動の場に支援が出向くタイプのサービスが未発達であること、支援が社会参加の「手段」ではなく「目的」化していること、支援職員の労働条件の低さなどを指摘しました。公表予定の総括所見について、評価指標や監視体制を整備し、当事者参加での討論の場を定例化させていくこと、自治体における障害者計画づくりにおいて「障害のない市民との平等」を基礎として、条約の各分野の内容を反映させていくことが課題であると指摘しました。そのためにも、当事者や家族、支援者が権利条約と総括所見の内容をしっかり学習し、それらを実現させる手段を考えていくことが重要だと提起しました。

◎まとめ

　参加した当事者からは、数年前に病気の関係で職場を辞めざるを得なくなり、今も自分に合った作業所が見つからずにいるという体験が話されました。支援の現場からは、権利条約をめぐって政策、実践、運動の間には乖離があり、それを埋めていくためにも調査によって本人の声や実態をつかむことが必要だが、現場は多忙で余裕もないという発言もありました。

　今回報告された実践や経験、そこで語られたのびやかな言葉は、いずれも障害者権利条約の理念や原則に通じており、それらを具体化するものでした。障害者権利条約に照らし合わせることで、私たちの生活や実践の中にある差別や権利侵害、声にする以前の違和感も浮かびあがってきます。その一つひとつを話し合い確かめ合いながら、障害者権利条約を活かすとはどういうことかを生活や実践の事実に即して具体的にイメージし、国や自治体の責務として何を求めていくかが問われていることを確認できた全体会となりました。

（文責　河合隆平）

8　学ぶ、楽しむ、文化活動
（18歳以降の教育、なかまの分科会を含む）

共同研究者・司会・運営者
國本真吾（鳥取）辻 和美（三重）西園健三（鹿児島）丸山啓史（京都）南 寿樹（愛知）
参加者　35名（当事者、家族、放課後関連事業所職員、特別支援学校教員、成人期事業所職員）

指定レポート

「社会福祉法人かがやき神戸での芸術活動（ケラピープロジェクト）の取り組みについて」
　　　　　　　　　　兵庫　梅木さやか
「いきいきとしたキャンパスライフ〜自分の意見を発信しながら他者の意見も認め、思いを共感しあえる集団を目指したい〜」広島　宮地宏和

本分科会は、昨年度のオンライン開催を機に、青年学級、余暇・文化活動、18歳以降の教育、なかまの分科会を統合する形で開催されました。文化的な活動の意義、就学や教育条件整備、学校教育と生涯学習など、参加者の問題意識は様々ですが、共通しているのは、地域で生涯にわたって豊かに学び続けることの大切さです。その中で見えてくる青年期以降の人格発達を、みんなで考える機会となりました。

◎レポート報告
人生を豊かにする文化・芸術活動

かがやき神戸は、阪神・淡路大震災を機に、安全な建物と安定した運営基盤のもとで利用者を守りたいとの思いから法人化を目指し、現在は神戸市西区（主に精神障害の方の支援）と北区（主に知的障害や重度重複障害の方の支援）で18の事業を展開しています。そのうちの6ヵ所で、月に数回、絵画や書道、音楽等の芸術・文化活動を行っていますが、それぞれの事業所での活動にとどまっていて法人全体の活動にはなっておらず、また、仕事優先という実態もありました。そこで、芸術・文化活動は仕事と同じくらい大切なものだという思いのもと、専門家2名も加わって芸術活動のプロジェクトを立ち上げ、「ケア＝手当、心づかい、配慮」と「セラピー＝治療、癒やし」を組み合わせた造語「ケラピー」から「ケラピープ

ロジェクト」と命名したそうです。芸術活動や趣味、余暇活動には癒やしや手当ての効果があり、生活を豊かにしていくものでもあることが、梅木さんの報告から伝わってきました。

取り組みの中で、利用者・職員に趣味・余暇活動に関するアンケートを実施した結果、精神障害のグループでは、9割近くの人が趣味をすることが精神的な充足につながっていること、趣味にお金を使う経済的な余裕がないこと、知的障害のグループでは16%の人が趣味をもっているにも関わらず楽しめていないこと、やり方がわからない人が多くサポートがあれば趣味の広がる可能性があること、知的障害の重い人ほど生活の満足度が高く、軽い人が「不満」と答えていること等が明らかになりました。また、職員間で、生活の満足度を上げるためには、趣味だけでなく、仕事、人間関係、経済的な安定、社会とのつながりも必要であるという共通認識がなされました。

立ち上げから3年弱。例えば「書」では、何が正しいというものがなく好きな字を書くのでストレスにならず、普段の生活でも表現力がついたそうです。この間、利用者の作品を活用した商品「フレフレハンカチ」「クオカード」の作成と販売を行いました。また、各事業所に芸術活動担当職員を配置して定期的に会議をしています。芸術を専門的に学んだ職員がいないために、才能を埋もれさせるのではないか、「障がい者アート」という表現を使うかどうか、という迷いや悩みを抱えつつ、将来的には、好きな時に芸術活動に取り組むことのできる場をつくっていきたいとのことでした。

青年期の学生たちとの関わり

設立8年目を迎えた「まなびキャンパスひろしま」は、自立訓練事業と就労移行支援事業または生活介護事業を組み合わせた4年制の福祉事業型

専攻科で、現在、18歳〜22歳の学生（利用者）46名が学んでいます。今回の報告は、保育現場から青年期の学びの現場に転職された若手職員が担当しました。気持ちに寄り添うこと、受けとめること等、大切なことは乳幼児期も青年期も同じだが、年齢相応の関わり方や青年自身の葛藤にどう応えていくかに悩んだと前置きしつつ、3つのエピソードがリアルに語られました。

エピソード①は、継続して出席することが難しく、金銭や対人関係の課題もあるタクミさんの事例です。1年生の時は月の開所日数の3〜5割程度の出席率だったタクミさん。キャンパスの移転にともなってバス1本で通学（通所）できるようになったことに加え、スタッフとキャッチボールをするために自らグラブを持参したり、ゲームや卓球をすることで仲間との関わりが増えたりと、楽しみが増えることで出席の意欲が高まっており、2年生時（今年度）は、無欠席の月もあるそうです。

エピソード②は、タクミさんを含む2年生の集団の話題です。男女の人数比が9：1と不均衡なこともあり、横のつながりが希薄で、「我関せず」の雰囲気があるとのこと。朝の会で歌う曲を決める際に、同数になってなかなか決まらないことがありました。どうすればみんなが納得のいく形で折り合いをつけられるのか、普段あまり意見を言うことのないコウキさんや、自閉症のユウタさんが素晴らしいアイデアを出してくれ、曜日で曲を分けるという画期的な方法に落ち着きました。

エピソード③は、支援者の関わり方についての問題提起です。学生（利用者）間のトラブルに関わって、支援者がみんなで話し合う場を設定しようとしたところ、「そのことには触れてほしくない」「当事者間で解決しているからそれでよい」との答え。トラブルの解決にはなったが、問題の解決になっているのだろうか、という問いかけでした。

自分が発信したことを受けとめてくれることのうれしさ。共感する雰囲気を建設的なアイデアに変換。まだまだ希薄ながら横のつながりができつつあること。このような姿を見せてくれる3つのエピソードの主人公は、まだ2年生。今後の展開が楽しみです。宮地さんは「これからも集団で考えていきたい」とまとめました。

◎分散会・討論の中から

レポート報告を受けての討論（フリートーク）では、4つのブレイクアウトルームに分かれたことで、ほぼ全員に発言してもらうことができました。

梅木報告に関わっては、①芸術活動を商品化する際、「障がい者アート」という名前にはこだわらなくてもいいのではないか、②アートは人と人をつなぎ、人と社会をつなぐ、③障害の軽い人の生活満足度が低い理由をどのように考えるのか、といった感想や問いかけがありました。また、宮地報告に対しては、①青年たちがトラブルの中で成長していくこと、②トラブルを自分たちで解決するための自治会活動のあり方について、③青年期以降の発達の姿として、自分の居場所（まなびキャンパスひろしま）が土台にあり、その上に得意なことや好きなこと（野球、キャッチボール）があるという図式がタクミさんから見えてくる等の発言がありました。

◎まとめと今後に向けて

最後に、参加者全員で、文部科学省から委託された生涯学習の取り組みや、新たに事業を開始した学びの場、障害者権利条約、SDGsとの関わり等について情報を共有し合いました。また、学齢期は6・3・3の12年、それに続く青年期は4・4・4（専攻科・就労・じりつ）の12年という新たな問題提起もありました。オンラインという制約の中でしたが、各地の状況がわかり、若い世代からのレポート報告があったことは大きな成果でした。

大会1日目の全体会では、安田菜津紀さんの記念講演で少数民族などマイノリティと位置づけられる人々への差別について語られました。それに関わり、本分科会では、障害のある人の青年・成人期の学びの（機会の）保障についても差別的な状況にあることへの言及がありました。

（文責　辻　和美）

分科会報告

9　働く場での支援

共同研究者　田中きよむ（高知）
司会・運営者　栗本葉子（滋賀）田中理絵（東京）船橋秀彦（茨城）吉留英雄（大阪）
参加者　36名

指定レポート

「利用者が“主体”の働く場」
　　　　　　兵庫　巽勇太・若松日南
「自分らしく生きる・働くを一緒に探す支援」
　　　　　　茨城　東海林利臣

◎レポートの概要

巽・若松レポート　兵庫の社会福祉法人あまーちの巽さんと若松さんのレポートからは「SDGsに特化した製品の開発と仲間自身が主役になれる事業活動の展開について」、茨城のあすなろ園の東海林さんからは「Aさんの施設外活動の取り組みと現在、Aさんにとって働く意味は？」といったテーマでそれぞれ報告がありました。いずれも当事者本人の参加がありました。

　まずはじめに、大会の開催地、兵庫県尼崎市の「あまーち」の若松さんから報告がありました。あまーちは生活介護事業所です。その中でも「頂（いただき）班」のメンバーは、医療的ケアが必要な重度重複障害者を対象にしています。平均年齢28歳、障害支援区分は区分5と6の方が8割を占めています。しかし、この施設には、「自己選択、自己実現、人権、発達保障、障害の有無に関係のない地域共生社会を目指す」という理念があります。利用者はこれまで（そうした理念の下であっても）やや職員にいろんなことを頼りすぎるところがあったといいます。そんな弱点を克服するために、今回、「職員はあえて手を貸さない」という方針転換をしました。「彼ら自身が自らのアイディアを話し合いながら2年もかけてじっくり商品化へ模索した」という報告でした。まさに発達保障の観点からみた仲間の成長、それを見守り支えてきた職員の成長が読み取れる内容でした。

　若松さんの報告の後、利用者の巽さんからの発言もありました。はじめにSDGsの理念や意義を学び、商品にもそうした意味付けのあるものを選択しました。また、初挑戦のインターネット販売も難しいものでした。はじめは「障害者の作ったものだから」と同情されて買ってもらうことが大半でしたが、徐々に商品が認知され、一商品として買ってもらえるようになりました。取り組みのはじめは電話をかけることすら恥ずかしかったり、インターネットで調べるのが煩わしい、飽きた、という声も出ました。その都度利用者のモチベーションを維持するために、職員がさり気なくサポートしたりしました。そうしてなんとかひとつの企画、製品ができあがりました。

　ここ2年では新型コロナの影響もあって、販路を確立するのは本当に厳しく、唯一、コープこうべだけが協賛してくれました。チラシを入れてくれたり、ブースを定期的に設けたりしてくれました。結果、最終的には給料を下げずに維持できました。また、コープこうべ主催【SDGsアクションコンテスト】グランプリを受賞し、多くの人に評価されたことも利用者に力を与えました。課題はたくさんありますが、この取り組みを通して利用者も職員も共に成長していったことが参加者の胸を打ちました。

　フロアからは感想が次々と出ました。利用者を真ん中に据えた実践だと感心する声が多くありました。「経営的にしんどい中で、2年も信じて待ってくれる管理者の存在も大きい」という意見もありました。

東海林レポート　続いて茨城のあすなろ園の東海林さんのレポートも、本人（Aさん）参加のレポート報告でした。Aさんは生い立ちの中でしっかり自分のことを見てもらえる環境がないために、施設内での就労の姿も、ちょっとしたことでキレてしまったり、勘違いして間違いがあっても素直に認められなかったりと、力があるにも関わら

ず、人間関係でつまずくことが多かったようです。思いきって担当職員が寄り添いながら、施設外実習を経て就職し、10万円近い給料がもらえる工場での労働に従事しました。しかし、ひとつのフロアをペアで任されたり、失敗を叱責されたりするうちに我慢ができなくなり、結局元の施設に戻ったという経過が話されました。その後は、施設の中での作業では以前ほどすぐにキレることが減り、周りに配慮できるまでに変わったとの話でした。

　Aさん本人からの発言では、「昔のボクはこうだった」「今はこんなふうに変わった」と時系列で当時の気持ちや今の心の変化、居心地の良さ、働くのはお金だけではなく周りに対する感謝の気持ちや人との関係を豊かに結べるようになるという人間的な成長があったからだ、と報告されました。

　参加者からは、工場の担当者がきちんと彼の能力や適性を把握してアドバイスできていただろうか、という疑問が投げかけられました。当時寄り添っていた担当職員からも事業所そのものの障害者への理解を進めてもらえるような話し合いを何度もしたが、それよりも本人の退職の意志が強かったとのことでした。「仕事とは？」「ともに働く仲間とは？」と考えさせられる内容でした。

◎共同研究者のまとめ

　最後にまとめとして、共同研究者の田中きよむさんから以下の点について詳しく話されました。
・地域に支えられる障害者から地域に頼られる存在としての障害者へと変化していく。

・働くことが苦役でなく、やりがいと結びつけられるように。
・そのために、管理者も支援者も粘り強く利用者の企画提案が形になるまで待つこと。
・本人がいくら給料をもらったかではなく、周りの人の役に立った、「ありがとう」と言ってもらえたなどの具体的に目に見えるやりとりが意欲や生きる力に結びつくということ。
・工賃補填助成や燃料費補助など、自治体の支援は新型コロナ禍の下でも必要ではないか。
・40代から60代の利用者、年代に合わせた仕事づくりも課題である。
・一般就労と福祉的就労の組み合わせや、やり直しや学び直せる機会の創出が重要である。
・発達保障と結びつけて、自分らしく生きること、やりがいのある仕事が保障され、楽しく充実した日々を送れるように。
・障害者権利条約や虐待防止法などの中に込められている、利用者の権利を守ることを第一に、商品の企画開発の主体性も利用者におくこと。
・Aさんの働く意欲を削ぐようなパワハラが疑われる行為が会社で起こったことは本来許されないが、その後施設に戻り、見ちがえるように変化・成長した環境・関係づくりは注目される。

　上記のようなまとめでした。いくつかの大切なキーワードをそれぞれで確認して、この分科会を終えました。

　時間の関係ですべての参加者に意見を聞くことができなかったのはとても残念です。次回はリモートではなく、顔を合わせながら議論を深められたらと切に思いました。　　　（文責　栗本葉子）

10　暮らしの場での支援

共同研究者　田村和宏（京都）
司会・運営者　佐藤さと子（愛知）高橋 実（広島）若山孝之（埼玉）
参加者　34人（生活・相談支援員、家族、障害者団体役員、特別支援学校教員、大学教員など）

指定レポート

「高齢期の利用者の暮らしから見えてきたこと。
　～年をとったらできへんことだってあるやんか。～」　　　　　兵庫　近藤郁子
「大晦日もぽれぽれで過ごす」　　滋賀　杉谷 伸

◎レポート報告と質疑

近藤報告　高齢でグループホームに入居した中村さん（仮名）の暮らしから見えてきた課題の報告。中村さんは同居していたお母さんが施設入所したために一人暮らしに。限界が近づき、60代前半でいかり共同作業所がつくったグループホームで暮らすことになりました。

入所当初は順調でしたが職員の退職や日ごとに様々な支援員が入れ替わり、新しい職員との関係をつくるためか怒りや不安など自分の弱い部分をみせるようになりました。新型コロナ感染と足腰の痛みから歩く機会も減り体重も増加し、糖尿病の服薬となりました。今までできていたことができなくなる不安が少しずつ大きくなっていきました。「一人での作業所通所への不安」「落とし物」「忘れ物」「被害妄想」「感情爆発」「排泄漏れ」などの不安が他者への攻撃に発展し、近藤さんも「仲間の人生や経験を尊重しながら感情的になることも否定せず」と頭でわかっていてもどこかで「前はできていたのに」と中村さんと意見をたたかわせたり受容したりと、試行錯誤の毎日でした。

入浴、排泄、掃除などの次の行動への声かけが必要で、入浴は着替えの準備から終わるのに1時間以上かかるようになりました。清潔のための入浴と、作業所での若い仲間のにぎやかな雰囲気が本人にとって安心できる場なのかという2つの課題から、介護保険サービスの利用をスタートしました。週1回のデイサービスで入浴とレクリエーションや創作活動を行うようになりました。慣れ

てきたところで週2回を提案しましたが、気になる利用者の存在が受け入れられないと「NO」でした。そこで週1回ヘルパー利用でホームでの入浴介助と家事援助を組み入れました。

夜勤職員を見つけるにも一苦労である上、細かな支援が増える。一人勤務ゆえの日中支援の職員とは異なる難しさがあります。支援員自身のこれまでの生活のスタイルや考え方も様々です。誰のための支援なのか、暮らしの場の支援の奥深さに悩みはつきません。

参加者からは介護保険の利用について質問がありました。介護認定は要介護2。知的障害は軽度です。利用料の本人負担は、本人の年金と不足分はきょうだいが負担しているそうです。

杉谷報告　広汎性発達障害でADHD、てんかんのある23歳のAさん。学校時代は寄宿舎で生活。突発的な行動が目立ち、キーマンとなる先生がつきっきりで過ごすことが多かったといいます。学校や寄宿舎から抜け出したりすることはこの頃からありました。高等部になると将来の仕事と学校生活との間で不安が重なり、破壊行動やエスケープがいっそう目立ちました。高等部3年の文化祭では便器や時計を破壊し「逃げたい」という行動も。しかし本番直前に列に並んで大縄跳びを連続して飛ぶことができました。

卒業後は自宅から作業所に毎日休むことなく出勤し、「働いている自分は大人だから一人でどこにでも行ける」という思いがあったようです。「危ないしやめとこ」と父が伝えると、納得したように出かけることはありませんでした。

20歳の頃、自宅近くで事故があり、見えたパトカーに乗り込みクラクションを鳴らす、同月には踏切の警報を鳴らすという事件もありました。行動援護の変更や家でする予定のものを作業所でしたりと、本人がつもりにしていたことと違ったこ

とで起きたようでした。

21歳でぽれぽれに入居してすぐは新型コロナの流行で思うように外出できず、環境の変化や入居者の声や壁を叩く音が聞こえるなどで、居室の壁や押し入れを壊したりすることがありました。

しかし、目標を決めて頑張ることで、激しかった偏食も克服、今では苦手な野菜も食べほとんど完食できるようになりました。また、毎月千円貯金して、好きなゲーム機やソフトを購入しています。最近では、職員と一緒に欲しい物と実際の貯金額を見比べ確認し、納得した上で使うお金を制限する姿も見られています。

2年が過ぎるまでは周りの音に敏感に反応してしまう様子がありましたが、みんなが寝静まった後にリビングに来て職員と話し、今日の嫌なことを打ち明けて気分を解消したり、ホームの用事を頼む際には感謝と労いの言葉を伝えたりすることで落ち着いています。生活リズムもできたようで、食事や風呂以外は、音楽を聴いたりインターネット検索をしたりして居室で過ごしています。

質問に答えて追加報告がありました。日中は生活介護を利用し、昨年から就労継続B型で週に1、2回実習しています。仕事ができるということがさらにモチベーションになり、落ち着いて生活できています。職員間の関わり方の統一した方針としては、予定は直前までは教えない、作業所ではゴミ出しや配布物を配る、ホームでは風呂入れ、食事の配膳などを担当する、職員は「ありがとう」と労いの言葉をかけるようにしているとのことです。

◎討論

2グループに分かれて話し合いました。テーマは、①介護保険の利用と課題、②暮らしのスタイル、③日中、夜間を通した支援についての職員間の方向性の統一、④入居者が手ごたえを感じる支援、⑤他機関や法人間の連携としました。

①については、生活保護申請をして利用負担をなくした、80歳の人がけがをした時には障害福祉の短期入所を利用したなどが出されました。

②については、実際希望して一人暮らしをしていても、年末年始や大雨の時の不安をどう解消するか苦慮しているという悩みや、グループホーム夜勤の安心のために2人体制をとることを家賃収入から捻出したという報告がありました。

③と⑤については、生活介護事業所、介護保険事業所、相談支援事業所、家族の四者で共同カンファレンスを実施、行動援護の事業所と管理者同士で情報共有、LINEでは齟齬が生じるのでファイルでの情報共有に切り替えた、業務日誌をファックスで共有しているなどが出されました。

④については、暮らしの中で楽しみをもてる支援を、スケジュールなどをわかりやすくする、暮らしの場での問題行動も肯定的に受けとめ支援員間で共有を図ったという経験が出されました。

◎まとめ

共同研究者の田村さんより、次のようなまとめがありました。

介護保険と障害福祉サービスの併用に関しては、市町村ごとに当事者や関係者で話し合いができていることが大切で、本人の日常の暮らしの姿から生きがいや頼りにしていること、生活のハリなどを行政や関係者で共有した上で、支給決定の場面では行政の責任を果たすよう働きかける。つまり障害があっても一人の市民のしあわせを地域で考え合う実践を展開することが大事だろう。

ただし、今日の制度が多機能事業所の組織内の連携や、外部機関という外との連携がうまくいかない状態をつくり出していて、担当者しか知らない、できないというような厳しい状態にある。この二重の困難をどう乗り越えていくのかが、大きな課題だ。まずは様々な工夫をして身近なところから少しずつ「力を合わせる」ことを積み上げていくソーシャルワーク・ケアマネジメントの実践の展開が大切になっているのではないか。

暮らしの実践では、日中活動の職員がグループホームの支援員と一緒になって仲間の姿をつなげたり、高齢期になっても発達的視点をもって行動の原因を丁寧に振り返る事例検討会を開催したり、その人のねがいを見えるようにして実感をもって「共有し」支援することが大切。入居者が高齢になっているからこそ重視すべきだろう。高齢期の実践は、重症児と同じように生きることを支える実践の一歩手前を歩いているといえる。

（文責　高橋　実）

11 地域での生活と支援

共同研究者 小森淳子(岐阜) 鷲見俊雄(宮城)
司会・運営者 濱田健太(岩手) 松本誠司(高知) 若山健太(埼玉)
参加者 32名

指定レポート

「地域生活を送るときに必要な支援」
　　　　　　　　　　　　　　愛知　奥村芳春
「混じり合いを生む活動」　　兵庫　宮崎宏興

◎はじめに

2018年の埼玉大会から「地域での生活と支援」と「女性障害者」を合同して開催しています。

「女性障害者」の分科会では、「障害者」として、「女性」として、複数の差別を受けていることについて実態を出し合い、解決の方向性について討議を進めてきました。

「地域での生活と支援」の分科会では「自立とは、生活の主人公として自由と権利を拡大していく発展過程」という到達点を確認してきました。

障害をもって地域で一人の人間として生きていくために必要なことや、地域で暮らす障害者への支援のあり方について、当事者と支援する者が、実態を出し合いながら討論しました。

新型コロナ禍でオンラインでの開催となり、これまでの大会では参加が難しかった人が参加できるようになった一方で、デジタル環境がなく参加できない人がいるということも今後の課題とする必要があります。

◎レポートの概要

奥村レポート

22年前から福祉ホームでホームヘルパーを利用し、一人暮らしをしています。来年65歳になり、介護保険対象となるが、利用料の発生などから、障害福祉サービスの継続を希望しています。一方で昨年度から、奥村さんの暮らす一宮市が独自の障害福祉サービス報酬基準を決めたことから、その影響がたくさんの障害をもつ人たちに出ているという報告でした。

宮崎レポート

人口約7万5千人の兵庫県たつの市にあるNPO法人の活動についての報告です。日頃は障害福祉サービスの相談支援、就労支援、グループホームなどの運営を行っています。報告では、主たる事業の周りで展開している「小学生の総合学習」の授業や「子ども食堂」に障害のある人が有償ボランティアとして関わるなどの市民活動について紹介されました。

◎討論内容

奥村レポートを元に、「地域間格差」について各地の状況を出し合いました。まず、一宮市の障害福祉サービス等支給決定基準により、奥村さんは障害支援区分5なので、居宅介護は1ヵ月「30000単位以内」と決まっています。1時間当たり「390単位」なので、1ヵ月に「80時間」しかサービスを受けられないことになります。「これまでの基準と比べると、とても厳しくなった」と奥村さん。

奥村さんの状況を聞いて、名古屋市で支援に携わる参加者からは、「普段、障害支援区分5～6で知的障害、身体障害のある最重度の方を中心に支援している。事業所は24時間365日、一人暮らしをしている方の自宅への在宅派遣をしている。私も夜間ヘルパーとして働いている。奥村さんのレポートでは家事支援が月25時間、身体介護が月10時間で、どうやって生活しているのだろう、大変な生活をされていると感じた」と語り、一宮市の基準が障害者の生活を厳しくしていることを指摘しました。

また、名古屋市で相談支援をしている他の参加者からは、「状況は全く違います。名古屋は逆に制度が優遇されている部分があり、市が単独で出している補助もある。同じ県内でも名古屋市との格差がある」と同じ愛知県内でも格差が大きいこ

とを明らかにしました。

奥村さんの「僕たちの生活と憲法」という文書が司会によって代読され、奥村さんは「絶対に僕たちの生活を守るために憲法を変えてはいけないと強く思いました。憲法を変えたら僕たちは生活できなくなるからです」と改憲の動きを自らの生活に引きつけ「憲法を守る」ことの重要性を訴えました。2022年7月の参議院選挙の結果から、多くの参加者がその発言に共感したことでしょう。

愛知の橋本さんは、脳性まひで、電動車いすで生活をしている大学生です。実家を出て一人暮らしをしています。「エントランスに段差があったり、決められた予算で探すと住める物件がないことが大きな悩みの種でした。幸いなことにアパートが見つかり、大家さんに良くしてもらっている」と一人暮らしを始める時の家探しが大変だったことを語った上で、「就職などを考えた時に、別の街でまた物件を探すのが大変だと感じている。ヘルパーを利用していないが、少し歩けるのでそれを生かして無理なくやっている。将来はヘルパーを頼むことも検討しながら地域で暮らせるようになればと思っている」と将来への希望と不安とを語り、会に和やかな空気が流れました。

東京の市橋さんからは、「ホームヘルパーは子育てには絶対に派遣しないと言っていた時代からどう変わってきたかということを検証しながら、この分科会や子育て懇談会にみなさんも参加していくといいのではと思いました。奥村さんのレポートにある一宮市の問題は全国の肢体障害者の運動の中でも何回も話されている。このような苦しい判断をすることに対して最近見えてくることは、全国の格差が余計に広がっているということです。そのことを怖く思うのと同時に、今後の運動に生かしていきたいと思います。午前の分科会全体会から、障害者権利条約の問題と現状との乖離や、国連の勧告に目を向けて自分たちの生活はどうなんだと自分たちの問題として考えたいなと改めて強く思いました。僕は権利条約ができる前に2回、国連に行って条約審議を傍聴しました。僕は日本では活発な障害者だと自分で思っていましたが、各国からNGOとして障害者団体の方た

ちがたくさん来ていて、その人たちのパワーの大きさを感じました。障害者権利条約が日本で、私たちの地域で、私たちにとって、人権の問題で非常に大切なことだと強く感じました」と運動の歴史や権利条約をつくる経過から、それを活用していくことの大切さが語られました。

また、今回、特別支援学校の教員や退職教員が複数参加していました。担当している生徒が将来地域でどんな暮らしをするのか知りたいという方や、退職後地域で何らかの支援に携わっているという方が多かったです。地域に資源が不足していることは深刻です。

◎まとめ

地域の人たちと障害当事者の人たちがふれあって理解しあうことが大切ですが、日々障害のある人から声をかけることも大事ではないかという指摘もありました。また、障害のある人も地域の中で「頼れる人を増やす」ことを通してネットワークづくりをしていくことは大事だということが確認されました。

しかし、一方で、地域では障害のある人に対して差別的に思っている人が少なからずいるということも事実です。とにかくつながりを広げていく中でそういう人たちをなくしていくことが求められています。

討論の中で、法律（制度）があってもヘルパーがいないと使えないという状況になっているという一方で、独自の制度が充実している自治体があるという、地域間格差が大きくなっていることが明らかになりました。この問題を解決する上で、憲法と障害者権利条約の役割が大きいと考えられます。権利条約を日々の生活の中でどう生かすかということで大事な点の一つは「合理的配慮」だと思います。そして「障害のない市民との平等」という考え方です。この2つが日々の生活の中では大事な点です。この2つは障害のない人や行政の人たちになかなかわかってもらいづらいところなので、どう伝えていくかが課題です。

（文責　松本誠司）

12　障害の重い人の生活と支援

運営者　清水千智(埼玉)　白石恵理子(滋賀)　園部泰由(埼玉)
　　　　竹脇真悟(埼玉)　細野浩一(埼玉)
参加者　52名（成人期職員、家族、児童・学校関係、医療関係、相談支援、市議など）

指定レポート

「Tさんのケース〜仲間のホンネの願いをつかむ
　職員集団も揺れながら〜」　　兵庫　永井達也
「Aさんの視線の先〜くらしの場で心が安定する
　ために必要なこと〜」　　　　埼玉　森田由希

◎はじめに

　今回の分科会では、作業所で、暮らしの場で、生きづらさを抱えた障害の重い人の、目に見える行動をどう受けとめていくのか、本人が安心できる場や関係をどう築いていったらよいのか、2つのレポートから学び合いました。

◎「問題行動」を受けとめていくとは
──永井報告

　あぜくら作業所に入所して5年目となるTさんは自閉スペクトラム症で、学生時代から急な変更や失敗するなどするとお皿を投げつけて割る「問題行動」が続いていました。入所間もなく母親からお皿をプラスチック製にできないかと相談があり、それに対して「皿を投げる、投げないの葛藤がTさんを成長させるのではないか」「Tさんの思いを受けとめることが大事ではないか」と職員全体で受けとめていこうと会議で確認していきました。

　しかし、Tさんは「割る×」「割らない○」という部分にこだわっているようで、衝動的に割ってしまうことが続きます。2年目のある日の昼食後、Tさんと永井さんが食器を返却しようとした時、二人の間に入ってきた利用者にお皿を投げてしまい、直後、永井さんに抱きついてきました。それからお皿を返却する時は職員と「指切りげんまん」をするようになりました。

　3年目の5月、家で母親が書いた英単語が誤っていたのがきっかけで、母親に手を出してしまい、けがをさせてしまいました。本人は何度も「ごめんなさい」と謝り、落ち込む日が続きました。しばらくして、昼食後、自分の歯ブラシを持ってきて、「歯ブラシを折ってください」と。永井さんは、Tさんの歯ブラシを折る行為が受け入れがたく、もうやめてほしい！　との気持ちから、「折らないでおこう」と伝えたところ、Tさんの表情が一変。大暴れして、自分で歯ブラシを折り、「歯ブラシ骨折いたかったなあ」と泣き出しました。

　この件を受けての職員会議では、どうして、Tさんは永井さんに歯ブラシを折ってと言ってきたのか、永井さんが「折らないでおこう」と伝えたらパニックになったのかが議論されます。そこでは、職員自身がTさんの行動や心情にとらわれてしまう弱さや葛藤とも向き合うことも共有すること、Tさんはどんな思いなのか、何をわかってほしかったのかという視点に立ち返ることの大切さが確認されていきました。

◎Aさんが安定、安心できるようになるには
──森田報告

　Aさんは知的障害（手帳A）で自閉的傾向があります。中学の特別支援学級卒業後、高等部2年の時、怯えがひどく自宅の部屋に籠り、精神科通院。薬物療法を開始します。出会った当時から、いつも片手にクマのぬいぐるみ、片手にペンと本を持ち歩いていました。

　Aさんは学校を卒業してから十数ヵ所に及ぶ施設を転々としています。突発的な他害行為がみられることから、行動制限や虐待を受け、支援の困難から断られ続けたのです。39歳の時、かがやき共同作業所に通所と同時に、他法人のホームの利用も開始しましたが、3ヵ月で退所させられています。作業所でも他害行為は激しく、「帰りたい！」と訴える日々が続きますが、辞めることは

ありませんでした。そして、7年後、同法人の初のグループホームに入居。ここでも、他害行為、暴言は続きますが、「見きれない」と追い出すような経験は二度とさせないことを職員間で共有し、"落ち着かない"Aさんにとって、ホームが"落ち着ける"場になるには何ができるのか、取り組んでいきました。

　まず、昼夜逆転して眠れない夜をなんとか眠れるようにしたいと主治医と相談して、睡眠導入剤を開始。2ヵ月ほどで眠れるようになり、その後、眠剤を減らしてもリズムも体調も安定していきました。それでも、ホーム内を歩き回り、結果、罵声や他害に及んでしまうAさんの居室に好きな鳥や食べ物の写真を貼ってみましたが、すぐに破られてしまうことの繰り返しでした。そんなAさんが折り紙を持ってきて「鶴折って！」とせがんできます。折ってあげると、破り捨てることなく、ベッドサイドに飾るように。このことにヒントを得て、好きな鶴をモビールにして天井からつるしてみたら、破ることなく受け入れてくれました。

◎不安、新しい自分づくりの葛藤に寄り添う

　2つのレポートと討議を通じて次のようなことを確認しました。

　第一にいずれの職場とも、理念だけでなく、実践レベルで障害のある本人の立場に立って、まるごとその人を受けとめよう、理解しようとする姿勢が事業所全体で貫かれていることです。この姿勢は、皿を割る、暴言や他害をするといった「問題行動」の対応や理解にも及んでいます。それは、単に否定や強制ではなく、しっかりと受けとめ、その行動の裏にある思いを探り続けようとする実践につながっています。こうした姿勢をもち続けていく上でも、職員の弱さや失敗も出し合いながら、何を大事にしていくかを確認し合っていける職員集団の存在が決定的に重要です。

　第二は、さまざまな不安や葛藤を抱えた仲間が自分自ら乗り越えていけることを信じて、結果をあせらず、先回りせず、自分をつくり変える経験を積み重ねていくこと、失敗も含めて認めてくれたり、見守ってくれる仲間や職員がいることが青年・成人期の新たな自己形成に重要なのではないかということです。

　Tさんは作業班の中で自分の思いを通して葛藤した時期や思わず母親にけがをさせてしまった経験から4年目に、不安な時に皿を割らずに職員を呼ぶように変わりました。Aさんは40歳を過ぎてから新たな作業所とホームの中で、自分の安心できる居場所を見出そうとしています。どんな支援が二人を変えたのか、二人にどんな力が育ったのか、レポートから多くのことを学んだ分科会でした。

（文責　細野浩一）

13　障害のある人の性と生

司会・運営者　伊藤修毅(愛知)　河村あゆみ(岐阜)
　　　　　　　木全和巳(愛知)　中澤桃子(長野)
　　参加者　43名（当事者、教員、施設職員など）

指定レポート
「青春講座『下ネタ』」　　　兵庫　後藤沙織

新型コロナウイルス感染症のさらなる感染拡大により、今もなお、人と人が関わること、ふれあうことの機会が奪われている状況にあります。活動に制約があることから、豊かな性教育を行うことが難しい現場もあります。そんな中で今回は、福祉型専攻科での実践をもとに学び合いました。

◎レポート発表
後藤さんは、福祉型専攻科「エコールKOBE」で青年たちと関わる中で、どうやったら青年たちが性についての悩みを言いやすくなるのか、そのことについて考えたことが性教育をはじめたきっかけだと話されました。

ある学生から、「下ネタを言ってる人がいるからやめてほしい」という相談があり、このことをきっかけに下ネタについてみんなで考え、話し合うことになりました。「青春講座」の中で行った性教育の実践です。

まず、学生自治会で出た、「下ネタを言ってる人がいる。先生も一緒に盛り上がって言っていて困っている」「下ネタを完全にやめてほしいわけでない」などの意見をみんなと共有することからはじめます。その上で、まずは「下ネタ」がどういうものなのかを、みんなで確認します。これまで学習してきた内容を振り返りつつ、生活習慣や文化等によって違いがあること、美術作品や、国や地域によっては裸で生活している人たちがいることを、写真で示しながら後藤さんは話します。

これらをふまえて、エコールでの「下ネタ」は何が問題なのかをみんなで考えることになります。

学生の実態に合わせて、4つのグループに分かれて話し合いをしました。後藤さんは、学生たちに「下ネタって悪いこと？」「下ネタはどこまでが大丈夫？」「下ネタはいつ言っていいのか、ダメな時はどんな時？」と尋ねます。話し合いを経て、「スタイルがいい、きれいとかは誰も傷つかないから下ネタではない」「男性同士、女性同士ならOK」といった意見や、「エロいというのは人それぞれの感覚」「男女共通して、しつこいのは嫌」「個人差があるのがよくわかる」等の意見が出ました。

講義のまとめとして、後藤さんは、「下ネタについてはいろいろな考えがあること」「悪いこととは言いきれない」「場所や相手を考えて言うことが大事」「これからの生活の中で意識してほしい」といったことを学生たちに伝えます。下ネタに嫌悪感があった学生の感想からは、「頭、パンク状態」という言葉がありましたが、話し合いにも参加し、その中で自分の意見をたくさん言っていた姿があったと話されていました。最初に相談をしてくれた学生も、「話ができてよかった」と話してくれたそうです。

「下ネタ」について学習した後は、学生たちが意識して小さい声で話をするようになったこと、性について学ぶことに対して、以前よりも前向きになった印象があると、後藤さんは話します。職員が一方的に禁止するのではなく、学生同士で話し合い、お互いの意見を尊重することで、一人ひとり考え方が違うことにも気づくことができたのではないかとまとめました。

◎指定討論
愛知で相談支援専門員をしている寺部さんは、後藤さんの発表を振り返って、自治活動がきちんと根づいていることの素晴らしさと、学習の積み重ねによって、日常のことを客観的に捉えて話し

合える関係性や、「下ネタが嫌だ」という意見を出せたことの良さについてふれました。

そして、一方的に指導された言葉は、子どもにとっても大人にとっても、頭に入ってこないものだと常々感じていると話します。下ネタのように感覚的で、人それぞれに感じ方が異なるテーマは、正解がない分、自分で考えて意見を出し合い、自分以外のたくさんの感じ方にふれていくことでしか響いていかないものであると、思いを話しました。

特別支援学校教員の太田さんは、これまでの性教育の取り組みを振り返る中で、学校全体として共通した意識をもてていないこと、学部ごとに教育課程上の位置づけが違うこと、教員自身も性教育を受けてきていないことなど、感じてきた課題点をあげました。また、授業で「どんなことを伝えたらいいのか」「どこまで伝えたらよいか」「授業をもつ先生によっても変わる」ことなど、悩んでいることについても話しました。

性教育は、「本人がいきいきと学ぶことができる学習」だけでなく、「人生に一番必要な勉強」であると、太田さんは最後に述べました。

岐阜にある「劇団ドキドキわくわく」に所属する岡庭さんは、「性教育の勉強は、劇団でも聞いたことがある。いい勉強になります」と話します。下ネタの話については、難しさを感じる部分もあるそうです。自身の職場でも、女性同士、男性同士で下ネタを話している人たちがいて、「僕は聞きたくないけれど、周りで言っているから困る」と、日頃悩んでいる思いについても発言しました。

分科会運営者で日本福祉大学の伊藤さんは、何を「下ネタ」と考えるか、「下ネタ」そのものに対する価値観などが人それぞれであることから、「下ネタ」というテーマの難しさについてふれました。答えのない問いだからこそ話し合うことが大切であり、卒業後の学びの場の「うんざりするほど話し合いに時間をかけられる」良さが生かされた実践だったと振り返ります。

討論をする上で整理したい点として、多様性の大切さにふれてはいるものの、「下ネタ」の話題においては、「男の子は〇〇」「女の子は〇〇」などのジェンダー観が混じりがちであるということ、男女二元論やジェンダーバイアスに基づく話

に陥りがちであることをあげました。また、マナーは禁止するものではないということ、禁止する日本社会の空気に対して、どのように対峙していくのか、という視点も大事であると話しました。

最後に、性を肯定的に捉え、肯定的に向き合い、楽しく話せることは、包括的性教育の大きなポイントでもあり、一つの理想的な姿であると話します。その中で、「下ネタ」というテーマは目的がぶれがちで、難しさがあるため、よりポジティブに向き合っていけるように、さらなる追求が必要だとまとめました。

◎討論とまとめ

様々な意見が出される中で、「『下ネタが嫌』と言った女の子は、本当に下ネタが嫌なだけだったのだろうか」という声がありました。その人の本当の思いは何か、様々な角度から考えて捉えることの大切さに、改めて気づくことができたように感じます。

優生思想の考えが根強い社会の中、性のことを公の場で語ることは難しい状況にあります。しかし、卒業後の学びの場では、職員同士、学生同士で話し合える良さがあります。正解を求め合うことよりも話し合うことの大切さを、この実践から学ぶことができたと感じます。

障害のある方々への性教育、性の支援は、大きく遅れている状況ではありますが、まずは、私たちが協力し合い、しっかりと学び続けていくことが大事であるという話がありました。本分科会を通して生まれた新しいつながり、「人」と「人」との関わりを大切に、権利としての性教育を積み重ね、さらに輪を広げていきましょう。

（文責　中澤桃子）

14　障害者運動

運営者　家平　悟（東京）河合隆平（東京）塩見洋介（大阪）白沢　仁（東京）
参加者　24名（当事者、施設職員、相談支援専門員など）

指定レポート

「『埼玉障害者九条の会』の活動について」
　　　　　　　　　　　　埼玉　安島弘祐
「優生保護法問題の全面解決を求めて…優生保護
　法問題は、誰かのことでも過去のことでもない
　…」　　　　　　　　　　兵庫　松本多仁子
「障害福祉サービス支給決定基準について考える
　〜Ｋさんの支援について」　愛知　梅本早千穂

　この分科会では、各地の実態や課題を交流しながら、今後の障害者運動の展望をつかむことを大切にしてきました。今年はウクライナへの軍事侵略や優生保護法国賠訴訟をはじめ、あらためて「平和と人権」に立ち返ることが求められている情勢をふまえたレポートに基づいて交流しました。

◎レポートの概要

安島レポート　「埼玉障害者九条の会」は2006年7月に結成されました。結成時に書かれた「障害発生の最大の原因は戦争による暴力です。戦争と障害者のしあわせは絶対に両立しません。障害者は平和でなければ生きられないのです」という「賛同の呼びかけ」は今も運動の指針となっています。最近では2022年6月に「いまこそ憲法9条の大切さを！」という学習会を、7月には「白岡太陽の家にじ」を利用する障害当事者と職員が、平和と民主主義について主体的に考える取り組みとして「平和について考える学習会」を開催しました。安島さんは平和の中でしか生きられない障害者だからこそ、市民に向けて目に見えるかたちで9条の大切さ・素晴らしさを訴え、誰もが安心して生活できる礎として9条の精神を未来につなげていきたいと語りました。

松本レポート　優生保護法の国賠違憲訴訟への支援活動についての報告です。兵庫では2018年に5

人の原告が提訴してから「優生保護法被害者とともに歩む兵庫の会」が組織され、2022年5月には「優生保護法問題の全面解決をめざす全国連絡会」（優生連）が結成されました。

　兵庫県の原告は、聴覚障害のある2組の夫婦と重度脳性麻痺の女性です。当時は手話が禁止され口話教育が徹底されており、不妊手術の説明も十分理解できませんでした。脳性麻痺の女性も就学猶予・免除を受けており、12歳で子宮を摘出させられました。その後、日常生活の金属音によって手術時の金属音がフラッシュバックして心身に不調を来すようになりました。

　神戸地裁は手術の違憲性を認めながらも、除斥期間を理由に不当な判決を下しました。被害者の多くは高齢であり、全面解決に向けて政治的決着を求めていくことが運動の課題です。「憲法のもとでなぜこのような法律ができて、48年間も続いたのか」「なぜ母体保護法に改正された時に被害者への救済・補償・謝罪がなかったのか」「なぜ当事者や家族は今も声をあげにくいのか」。こうした「なぜ」を考えていくことが障害者権利条約の実現にもつながり、誰もが当たり前に尊重し合える社会づくりの運動であると訴えました。

梅本レポート　自治体の障害福祉サービス支給決定基準の見直しの問題について報告しました。脳性麻痺があるＫさんは現在74歳（妻と2人家族、自営業）です。65歳になった2014年6月の時点でＡ市から介護保険サービス優先を通知されましたが、妻の介助負担を軽減、仕事に集中できる時間の確保などを考えて重度訪問介護を利用することになりました。この時決定された支給量は485.5時間（加算移動60時間）でした。

　ところが、2021年にＡ市では、新しい支給決定基準が策定されます。表向きは「公平かつ適正な給付決定のため」という理由ですが、実際は市財

政の社会保障費の抑制がねらわれていました。K さんの支給量は、2021年7月からは400時間（移動60時間）に減らされ、さらに2021年8月の支給量は353時間（移動40時間）にまで制限されました。この時期、Kさんと同じように支給量を減らされた人が続出し、窓口では「入浴支援は一日おきでよいのでは」「夜間はおむつ対応にしては」などといった人権侵害の言葉を耳にすることもあったそうです。相談員が提出した計画書は支給量決定の根拠として認められず、区分審査員も相談員を信頼していない様子がうかがえたといいます。Kさんの支給量は現行ギリギリであり、しかも新型コロナ禍で外出が減った実績をもとに算定されてしまい、かえって妻の負担が増大する結果となりました。

梅本さんは、相談支援専門員としてこの窮地を乗り越えていくためには、本人の状況を当局に伝え続けて柔軟な対応を求めていくこと、行政と対立関係に陥ることなく相互に理解し合える努力を重ね、自立支援協議会で行政と民間が協働しながら対等・建設的な関係を築いていくことが求められるとまとめました。

◎「平和と人権」を一体的な課題に

3つの報告を受けて家平さんは、ウクライナ情勢に便乗した改憲の動きが活発化し、安全保障強化の財源を確保するために社会保障のいっそうの削減がねらわれている中で、障害者運動として、これまで以上に「平和と人権」を一体的に捉えて、憲法9条の大切さを訴えていくこと、「軍拡で人権は守れるのか」を問うていくことが重要であると提起しました。そして、暮らしや福祉の現場で起きていることや感じていることを共有しながら、障害者問題の根っこを考えていくことが重要であると討論を呼びかけました。

福岡のある自治体では視覚障害者の同行援護の時間数の上乗せを要望したところ、行政から理由書とあわせて医療機関の通院継続の証明書の提出を求められましたが、最近では証明書の発行を有料化する医療機関もあるようです。有料化は各機関の判断によるため格差が生じており、支給量増に伴う費用負担の問題が指摘されました。

参政権にも話題が及びました。「障害をもつ人の参政権保障連絡会」では、特に知的障害のある人の参政権や代理投票について知りたいという要望に応えて、2022年7月の参院選の前に『選挙のしおり』という小冊子を作成して1500部配布したそうです。選挙について学習して期日前投票に行ったという若者からは、これからも自分の未来を考えて選挙に行こうという思いが語られました。安島さんが紹介されたなかまの学習会を企画した施設からは、日常的に平和について学び、みんなで考えるという民主主義を徹底していくことが大切であるとの発言がありました。

特別支援学校の教員からは、福祉予算削減の中で「お金を出してやっている・出してもらっている」というイメージがつくられており、「役に立つ・立たない」ではなく、一人ひとりの尊厳を大切にするという観点で教育に取り組んでいきたいと話されました。

◎憲法と障害者権利条約を捉えた運動を

最後のまとめとして塩見さんは、1996年の優生保護法とらい予防法の廃止は、政策的にみて新自由主義改革的な障害者制度改革を進める上での「過去の清算」としての側面もあると指摘しました。そして、平和や民主主義という暮らしの根幹に関わる憲法の価値や「社会はみんなで変えられる」というメッセージを若い世代に発信し、競争社会を生きる彼らが実感している不平等にアクセスしながら、「商品としての福祉」から「権利としての福祉」への回復のすじ道を一緒に考えていくことが課題だとしました。

続けて白沢さんは、障全協の結成には全患協（全国ハンセン病患者協議会）も参加し、優生手術に対する補償を求めながら、らい予防法廃止の要求が優先したことを指摘し、差別・人権という根本の問題を共有しながら、優生保護法問題に全力で取り組んでいきたいと述べました。

障害者運動は大きな懐をもちながら、さまざまな運動を豊かにしていける可能性を秘めています。だからこそ、憲法と障害者権利条約を一体的に捉えることが大切であることを確認した分科会となりました。

（文責　河合隆平）

15　親、きょうだい、家族

運営者　岩谷 亮（大阪）軽部誠一（神奈川）田中智子（京都）戸田竜也（北海道）
参加者　36名（家族、福祉事業所職員など）

指定レポート
「４人の子育てと私のねがい」　　大阪　森川 麗
「息子の社会人１年目に思うこと」
　　　　　　　　　　　　　　　京都　江畑早苗
「障害者をケアする親のライフサイクルと生活課
　題・思い」　　　　　　滋賀　小川真奈美
「私たちの夢ホーム建設を実現するために！」
　　　　　　　　　　　　　　兵庫　八幡孝至

◎昨年までの討論を踏まえて
　冒頭、運営者の田中智子さんから、分科会で議論したいこととして「家族のノーマライゼーション」というテーマとともに、①障害者のケア・実践・運動における家族の役割をどのように考えるのか、②きょうだいの位置づけをどう考えるか、③親から社会にケアを移行させていくために、安心して子どもを託せる社会なのか、移行前後に子どもとの関わりをどうするのか、自分（親）の生活はどうするのか、④障害者の親のあり方は、時代とともに変わってきているのか、という柱が提起されました。

◎レポートの概要
森川レポート　森川さんは、仕事を辞めたことをきっかけに親の会や運動団体に参加し、現在は「堺の障がい児教育をよくする会」（以下、よくする会）の会長をしています。堺市には市立の支援学校が２校ありますが、１つの学校は2009年に新設され、保護者や教員の思いを形にした設備が整った学校環境であると感じられる一方、もう１つの学校は校舎の経年劣化が進み、「教育の格差」が長年続いていると言います。このような状況の中、よくする会で取り組んだ教育委員会や市議会文教委員会との懇談を通して、教育長の「（障害のある子どもの）義務教育は堺市で」という答弁

をはじめとして、市内の特別支援教育を前進させる回答を得るなど成果も感じています。歴史に学び、新たに進めるものの課題に悩みながら、「みんなで力を合わせて頑張っていく」と決意を述べられました。
　一方、森川さんの父が介護が必要となり、忙しさが増す中で「私がもし倒れた時は子どもはどうなるのか」とも考えるそうです。これから先、きょうだいにお願いすることもできなくなり、将来のことを考えるととても不安だと話されました。
江畑レポート　次のレポート、江畑さんは、息子さんの特別支援学校卒業式の翌日、「"支援学校の保護者"を卒業できた」という安堵感と解放感から、「○○さん（息子）のお母さん」でいることに少し疲れていたのかなと感じたと言います。特別支援学校は、職場実習の付き添いや行事など、平日に保護者が学校に来て対応することを前提にしているものが多く、他の学校に比べて親の関与度が高いという課題を指摘します。一方、保護者としては、教師からの評価の目を感じ、「よいお母さんと思われたい」という感情があったことも語られました。
　息子さんの学校卒業後の姿を見て、「自分主体の人生を生きている」と感じている江畑さんは、これまで社会人とは「社会に対して責任をとれる人」と考えていたが、息子さんのように「社会の支援の中で生きる人」もみな同じ社会人であると考え方が変わったと話しました。
小川レポート　次の報告者小川さんは、重症心身障害がある29歳の娘さんと２つ下の息子さんを育ててきた母親です。「私が働かないと生活していけないので、ずっと働いてきました」と述べる小川さんは、働くことで「"障害児の母"以外の顔を持てる」ことが救いとする一方、子育ても仕事も中途半端にしかできないという未消化な思いを

持ち続けてきたと言います。

　レポート発表を機に、これまでは「怖くて聞けなかったが、思いきって」息子さんに障害のあるお姉さんのことを聞きました。小学校の頃の姉についての感情を「覚えていない」とした息子さん。その頃我慢してきたことは、との問いにも「たぶんない。つまりほとんど手伝ってこなかったってことだと思う」と答えました。将来「母親亡き後」に姉はどうしたら良いか、息子さんはどう関わるのか、どんなことが心配かという問いには、回答はありませんでした。そして、母親への注文として「がんばりすぎだからもっと施設とか頼れる人に頼ったらいいと思う。あともっとこうして、ああしてってあったら言ってください」と話してくれたそうです。小川さんは、"この子のことを見られるのは私しかいない"というところから脱したいと考えつつ、親の気持ちはそう簡単ではない。信頼できる人に少しずつケアを手渡していきたいと報告しました。

八幡レポート　4つ目のレポートを報告した八幡さんは、2つの無認可作業所が共同で立ち上げた社会福祉法人の職員です。設立以来、10年ごとに障害のある仲間たちのねがいや思いがどこにあるのかを調査し、不足している社会資源があれば自分たちで立ち上げることを視野に将来構想を作成してきたそうです。2019年に立てた第3期の将来構想では、「障害の重い仲間も利用できるグループホームを建設すること」を重点とし、そこにつながる親の思いを紹介しました。

　一人の親は、障害のある子どもを育てる仲間の母親が「お母さんが元気な間はいろいろなことがしてあげられるけれど、いなくなったら、それからの人生は諦めてね」と子どもに話している様子を見て、悲しいけれどそれが現実だと考えてきたとのことを率直に話しました。しかし、つづけて、グループホームが実現することで、「これまでの通り本人にとって楽しい生活を続けることができ、諦めなくていい未来が見えてくる」と希望を持っていると報告しました。もう一人の親は、「親亡き後」ではなく、「親が元気なうちに、暮らしの場であるグループホームで自分らしく過ごしている子どもの姿を見たい」と話していることを紹介しました。ケアは表面的・技術的なことだけで

はなく、親の「子どもへの思い」もしっかりと引き継がれることが大切であると報告しました。

◎議論とまとめ

　参加者を2つに分けて行った分散会では、「子どものケアを支援につないでからも、事業所等との調整が大変だと気づいた」「母親以外の人が障害のある子どもに関わる"母親機能の分散化"が必要だと思う」「休日であっても休めない家族の状況をなんとかしなければ」「支援利用時に同行するきょうだいも"添え物"ではなく"主人公"として対応してもらいたい」「あらためて時代・環境の変化とともに、親のありようも変化していると学んだ」など、多様な意見・感想が出されました。

　「家族のノーマライゼーション」にはまだまだ至らないものの、歩みを少しずつ進めていることを感じます。本人・家族ともに、一人ひとりが人生の主人公として生きるためには、単に福祉サービスの量が増えれば良いのではなく、それぞれの人生の蓄積からつくられたねがいや思いが反映された支援・サービスでなければなりません。当たり前の生活を送るために声をあげなければならないのか、頑張らなければならないのかといった問いも生じます。一方、誰もが健やかに暮らせる社会・コミュニティをつくるために、私たちのねがいや思いを確認し合い、共同してそれを多くの人に届けていく必要性があることをあらためて確認しました。　　　　　　　（文責　戸田竜也）

学習講座1

発達保障とはなにか
―発達理解の基本を中心に―

木下孝司（神戸大学・兵庫大会準備委員長）

【講師プロフィール】
木下孝司（きのした　たかし）
　「発達保障」が近江学園で提起された年生まれ。
神戸大学大学院人間発達環境学研究科教授。
専門は発達心理学。乳幼児期のコミュニケーションの発達研究、保育・療育現場での実践検討。

著書：『子どもの発達に共感するとき』（全障研出版部）
『「気になる子」が変わるとき：困難をかかえる子どもの発達と保育』（かもがわ出版）など。

＜講義のはじめに＞

　さて全障研では発達保障ということを大切にしてきています。

　発達保障は実践や子育てにおいて大切な視点を提供するものです。

　私自身は乳幼児期の子どもたちの発達研究を進め、保育や療育の現場で先生方と実践を一緒に考える仕事をしてきています。

　その中で発達保障は実践を語る上で軸になっているものです。

　他方で発達保障にはさまざまな意味合いが含まれています。

　権利思想の側面、教育や社会福祉の実践の目標論など、さまざまな側面から語ることのできるものなのです。

　今回は発達保障という際、発達をどう理解したらいいのか、そうした発達理解によって実践において、どのような視野が広がるのかを考えてみたいと思います

　今回の話の柱としてはここに上げています3つを考えております。

　まず1つ目。

　「発達」のイメージ、発達観について考えてみたいと思います。

　発達保障といった場合、発達を大切にする、発達を保障するといわれますが、どんな発達を大事にしたいとみなさんは考えておられるでしょうか。

　今回の講座では、途中で動画を止めて近くの方とおしゃべりしてみたり、あるいは自己内対話という形で、自分の中で考えていただく、そういうおしゃべりタイム、シンキングタイムをとっていただけたらと思います。

　どんな発達を大切にしたいのか、考えてみていただけたら嬉しいです。

I　「発達」のイメージ、発達観

1．どんな「発達」を大切に（保障）するのか？
＊兵庫支部編『実践楽しんでいますか？』（クリエイツかもがわ）河南　勝さん

・「できる」こと増やすことだけが、「発達」ではなく、その人なりの持ち味をいかんなく発揮でき、人生の主人公となっていく「自分づくり」のプロセス

＊実践を通した、発達観の変革

2．「ヨコへの発達」について
＊「タテへの発達」に対する「ヨコへの発達」

＊1961年　近江学園「発達保障」の提起　重症児への取り組みを通して創出

＊『夜明け前の子どもたち』　なべちゃんへの取り組みから（実践から学ぶ1）

＊「ヨコへの発達」という視点で変わるもの

・「ヨコへの発達」という視点に立って、「子どもの見方が変わると、子どもの味方になり」（服部、2019）、実践が変わる。

・現代的問題へのインパクト
　例）PDCA サイクル
　例）助けを求めること

3．発達は要求からはじまる自分づくり
＊「発達は要求からはじまる」（京都府立与謝の海養護学校「発達の四原則」）

＊まわりの世界や人に、意欲的に関わっていく中で、新しい自分をつくっていく

・たとえば、乳児期から幼児期にかけての変

身

＊「いちばん」へのこだわりの背後にある発達要求（実践から学ぶ2）

＊「問題行動」は発達要求のあらわれという見方で、子ども・障害のある人の見方が変わると、その人の味方になり、実践が変わる！

II　先人のねがいを実現させてきた原動力　歴史を振り返って

1．権利としての発達
＊さまざまな仕方ないを越えてきた先人のねがい

＊一人ひとりが差別なく尊重され、自分らしく幸せに生きていくための、発達する権利

・兵庫県における教育権（後期中等教育）保障運動（『みんなのねがい』2022年7月号）

2．発達の3つの系
＊個人―集団―社会

＊集団の発達

・安心して自分の思いを出し、何とかなった経験

・「必要とされる自分」を感じる集団

＊社会の発達

III　発達理解の基本

1．発達の質的転換
＊外界の受け止め方や外界や自分に働きかけていく様式の質的変化

2．連関をおさえる視点
＊機能連関

・活動を吟味するのに必要な視点

＊発達連関

・指導の見通しをもつのに必要な視点

3．発達の原動力
＊発達の謎　今の自分でありながら、新しい
　自分になっていく

・内部矛盾

＊指導の役割

＊「涼む」文化を学ぶ授業（実践から学ぶ3）

4．さらに理解を深めていくために
＊発達の視点

＊障害＝どんな生きづらさをもっているか

・変化する存在として見る（固定的に見ない）

＊生活の視点

・放課後に暴れるCくん（小5）の理由（実
　践から学ぶ4）

学習講座 2

ねがいひろがる教育実践

川地亜弥子（神戸大学・全障研副委員長）

全障研全国大会兵庫2022

学習講座

学習講座2
川地亜弥子（神戸大学、全障研副委員長）
「ねがいひろがる教育実践」

【講師プロフィール】
川地亜弥子（かわじ　あやこ）
　大学生の時に田中昌人さんに出会い、人間発達の理論と発達保障への情熱に衝撃を受ける。
　その後、生活綴方（子どもの生活に根ざした自由な作文教育）を主な研究対象として、歴史を紐解き、現代の実践にも学ぶ。
　現在、神戸大学准教授。全国障害者問題研究会副委員長。
　2022年8月に『子どもとつくるわくわく実践』（全障研出版部）を上梓。

＜講義のはじまり＞

　私は大学生の時に田中昌人全障研初代委員長に出会い、そこで発達保障の概念に衝撃を受けて子どもの発達について学びたいと思って今に至ります。

　中心的な研究は生活綴方、自由な表現に基づく作文について、その歴史的な展開や、現代の実践について研究をしています。

　今日はその2つ、発達保障と、子どもの表現に基づく実践ということを中心にしながらお話をしていきます。

　私たちが何のために教育・保育・療育をしているのか、それは一言で言えば人間の豊かな発達を保障するため、発達保障のためです。

1　発達保障のための教育実践を

（1）発達保障のための教育実践

　人間のゆたかな発達を保障する（発達保障の）ための実践

・田中昌人「それぞれの発達的自由が不当に損なわれることから守り、差別なく発達的自由の内容を人間的に豊かなものにしていくことを援助し、特別なケアを必要とする場合にはそれを権利として保障すること、これらの取り組みを制度的、実践的な根拠に基づく納得をもとにして説明責任と社会的責任を果たしながら進めていくことを『発達を保障していく』といっている。」（『障害者問題研究』31巻2号、2003年8月）

（2）発達的理解に基づく発達保障

　ねがいひろがる教育実践、ねがいひろがる子どもとおとな

　何ができているか、だけではなく、その人のねがい、思いを読み解く。

「こんなことをやってみたい」というねがいと、「今はできない」「できるかどうか怖い」「またできなかったら」という矛盾の中での、時には分かりにくい表現やいらだち等を丁寧に読み解き、その思いと外界の両方に働きかける。（その中で、働きかける人も働きかけられる。）

それが実現できるような制度を求めていくことも含む。

（参考）生活綴方における２つのリアリズム、「日常生活主義」ではなく「子どもの夢を」

（3）発達保障に関わる大人が研究の主体である

教育実践の語には「子どもを目の前にして教育を行う教師こそが教育研究の主体である」という主張が込められている（田中耕治2005）。

2　子どもの姿・ねがいから実践をつくる

――子どもの姿から教材をつくり実践からねがいの理解を深める――　（木澤実践）

（1）「お話の向こうに子どもの姿が見える」

時期（学年、季節など）、この子たちの集団、この先生たちと…という過去形で語ることはできるのだけれど、いつでも・どこでも・誰とでもというものがあるわけではない。

（2）「その方が、いいと思ったから」

子どもがおとなの予想をこえて動き出す（おとなのねがいが広がる瞬間）

3　子どものねがいが広がる授業と大人のかかわり

（1）「すがたをかえる大豆」の授業（元治実践）

同じ大豆が次々に変身していく教材（「変身」がおもしろい時期の子どもたちにぴったり！）

さまざまなワザ（先生の言語化、具体化、価値づけ、後押し…）

子どもの仲間、頼れるリーダーとしての教師

先生自身が楽しいこと、子どもを信じること

（2）教育的ユーモアと「よじれたノリ」（赤木2021）

「ノリ」という言葉に含意された優しさ（ヒューマニズム）

参考　「自我の拡大にバイパスを」（田中昌人2002人間発達講座）

4　長い時間をかけて学ぶことの意義

（1）KUPI　神戸大学学ぶ楽しみ発見プログラム（学校卒業後の学びの場）

（2）「人はなぜ書くのか」の授業

自由作文の授業、書いた後に、スクリーンに映し出して、みんなで読み合う

３年目のＡさん「２年前のKUPIの教室に行きたい」

Ｃさんの変化　読まれたくない⇒…⇒「書きサー」発足

（補）不登校だったよしとくん　小学生も自分の成長をふりかえる

昼夜逆転・自傷・家庭内暴力・偏食・潔癖・不登校。苦しい時代もあった…

（3）教育実践と発達保障の原点

与謝の海養護学校設立理念

（4）現代の学校づくり

子どもの表現を大事に

5　もっと深めたい人に

（1）『子どもとつくるわくわく実践』（8月
　　末刊）ぜひ読んで下さい！
1　素敵な教材・文化と出会う
2　ねがいをひもとく、ねがいを育てる
3　青年・成人期を謳歌する
4　実践と発達診断のいい関係
5　実践記録のねうち

（2）教育実践に試行錯誤はつきもの…　困
　　難をのりこえる「つきぬけた楽天性」

（3）全障研・サークルの大事さ
　なかまと遊べる・学べる・ねがいひろがる
基盤

＜講義のおわりに＞
　教育実践には試行錯誤がつきものです。最後に紹介した学校の先生のように、本当に子どもと格闘するということがあります。

　それから、周りの先生の理解のなさとも闘わないといけない、また、制度が充分じゃない、先生の多忙化どうするということなど、たくさんの困難があります。

　そういう困難をのりこえる、突き抜けた楽天性が私は大事だと思います。

　それは、学び合う中でそういう楽天性が生まれてくるのではないかと思います。

　名人、天才だからそういうものを持ち得るのではなくて、私たち一人ひとりがそういうものを持っていくことが大事だと思います。

　そのことを考えた時に、私はやっぱり全障研に集って学ぶことが大事だと思います。仲間と遊び、学び、ねがいを広げていく、そんな基盤として、ぜひ全障研でまた学び合っていきたいと思っています。

学習講座 3

人とつむぎ、織りなす日々のなかで

―高齢期の発達―

張　貞京（京都文教短期大学）

【講師プロフィール】
張　貞京（ちゃん　ちょんきょん）
　京都文教短期大学幼児教育学科准教授
　知的障害者の生活施設で青年期から老年期までの支援と相談に関わりながら、自分自身の高齢期を考える日々を送る。
　研究テーマは、「知的障害者の高齢期の発達と支援」、「保護者と保育者の誤解事例にみるコミュニケーション」。人と人の関わりを見つめている。
・張貞京「障害者施設に暮らす人々の発達と生活―老いと死を意識する」障害者問題研究、2013，Vol.41, No.1　p.27～ p.35
・石原繁野・張貞京「あざみ寮の生活のなかでの表現活動」障害者問題研究、2018，Vol.46, No.3　p.50～ p.57
・『保育者のためのコミュニケーションワークブック』2018、（共著）ナカニシヤ出版

◆もみじ・あざみとの出会いから

　人間発達の素晴らしさ／他者と共に生きる：寮生さん（利用者）・職員／暮らしの文化／働くことへの誇り
→もみじ・あざみは自分自身の生涯発達について学ぶ場所

◆高齢期の発達について

　それまでの暮らしやしごと、仲間関係が高齢期を彩る。
　暮らしやしごと・仲間関係において　自ら気づいて出向き、自分のものにしていく日々の積み重ね／他者に想いを寄せ、支え合いながら生きる
→身近な人の老いや死、自分自身の老いや死について、信頼できる他者に支えられながら自ら意味づけ直す時期

◆もみじ・あざみの取り組みから

　共に生きる（集団作り）／横のつながりを大切にする視点／「やりたい」好きな事（仕事・余暇活動など）との出会いがひろがりをもたらす
→一人の力はみんなの力、みんなの力は一人の力

◆共に生きる―あざみ織の始まりから

　ホームスパンと呼ばれる毛織物作業は羊の毛を洗う作業から染め、紡ぐ等など、1台の機を動かすために、18人の力が必要な共同作業。能力の差や作業の大小に関わらず、協力し助け合う関係の育ちを可能にし、仕事を持つ大人となるあざみ寮の集団形成が確実に進んだといえる。

※『糸賀一雄著作集　Ⅱ』

糸賀一雄著作集刊行会、日本放送出版協会
1982、p.55

　「織物という一つの作業を全体の共同作業
にすることは、子どもたちの中から、少しず
つ不協和音を取り去るのに役立っている。能
力に応じた仕事をすること、そのどれ一つが
抜けても、ホームスパンはできないというこ
とが、いちばんすばらしいことである。それ
をみんながめいめいなりに自覚するようにな
ってきたせいであろう。また他人に対する思
いやりが、少しずつ芽生えてもきた。寮全体
がこの作業に注意を向け、驚異の眼でながめ
てくれているという全体の雰囲気が、子ども
たちをこの仕事のなかに安定させるのに大き
な役割をはたしているのであった。」

◆働くこと（仕事）について
＊織物工房で指導してこられた石原繁野さん
　によれば
・互いが支え合っていることを働く中で感じ
　取る
・取り組む人がやってみたいと思う新しい刺
　激を用意する
→高齢になって体力や疲れの程度に合わせて
　仕事を調整することも大切だが、
　　小さくでも新たな刺激（例えば、色を変
　える、糸を変える、模様を変える、挑戦し
　たことのない作品に挑戦してみるなど）。
　そのような心躍る素材や手法、それを通し
　ての新たな出会いを用意するのが大切。

◆もみじ・あざみについて
・1953年：糸賀一雄の私塾として自由契約経
　営の女子知的障害者施設あざみ寮が大津市
　に誕生
・1969年：あざみ寮、石部町（現湖南市）に
　新築移転
　　知的障害者更生施設の認可を受けて再出
　発（定員30名）
　　もみじ寮、知的障害者授産施設として石
　部町に誕生（定員50名）
・2012年：名称の変更（あざみ寮→あざみ、

もみじ寮→もみじ）
・現在は、20歳代〜90歳代までの人が暮ら
　し、働く場所
　　三つの生活棟（あざみ・女子寮・男子寮）、
　作業場（織物科・農耕科・洗濯科・炊事科・
　やきもの科）、
　　行事、演劇活動（毎年のひな祭り劇・5
　年に一度のロビンフッド劇）、美術教室
　　クラブ活動（合唱クラブ・お点前クラブ・
　手話クラブ・お習字クラブ・卓球クラブ・
　お経クラブ等）

◆友だちの成長を実感するナツコさん
　共に生き、支え合う／自分自身の成長を実
感する：「私のむすび織は日本一です」
　これまで助けていた、友だちの成長を実感
する：「（今は）たすけてくれます」

◆友の老いを見守るユミコさん
　身近な人の老いや死を友だちと受け止める
／友の老いを静かに見守る／自分の力になっ
てくれていた友だちの力になりたい／友だち
の役割を自分が担う

◆日々に感謝する90歳のマチコさん
　他者と共に生きることへの感謝と誇り／好
きな仕事への尽きない想い／自分の変化とゆ
っくりと時間をかけて向き合う
「若い人たちもあざみで暮らす仲間なのだか
ら、出来ない事や分からない事も一緒に勉強
していきましょう。みんなで暮らしていると
良いことも嫌なこともあります。細かいこと
でいちいち騒がないで、お互いに気を付けて
仲良く穏やかに暮らしましょうよ」

◆50歳で好きなことが仕事になったトミさ
ん
　作業を覚えている、作業ができる、嫌がっ
ていないように見えていたトミさんに対し
て、石原繁野さんが「何かがしっくりこない」
と感じたのはなぜか。
＊共に生きる中で、楽しそうに刺しゅうをし

ている姿に気づく／目の前にいる人の願い
に耳を傾ける姿勢／好きなことを作品とし
て発展させることが、トミさん一人では難
しい

＊刺しゅうの布や糸を分かりやすく、手応え
のあるものにし、好きなものを描くように。
支援？指導？

→その人の前に、飛び石を置いていく作業

◆学び続けるトシエさん

言葉や文字は、他者と伝えあう道具／寂し
い、悲しい体験も学びの機会にできる／共に
生き、体験を共有しているからこそ気づく

◆全力で向き合ってきたかずえさん

自分の健康／共に生きる仲間／仕事／家族
／加齢による変化

→自分にできることを知りたい／できるよう
になりたい

◆大好きな絵を描き続けたハシオさん

絵は他者とつながる道具／作業場に行きた
い／絵を描き続けたい／自分を分かってくれ
る他者、自分を出せる他者

→働くことは誇り。その作業場で大好きな絵
を描き続けたい。

◆漠然とした不安と恐怖

家族の老いと死／友だちの老いと死／自分
自身の老いと死

→具体的に他者と共有し、力を借りること、
共に受け止める　時間をかけることが大切

◆大切な人の老いと死を他者と共に受け止める

居室で、ホールで、作業場で、話し合いで、
行事で、日記で、手紙で

◆本当は話したい…

・ヒサシさんの例：話してはいけない
・ノリエさんの例：話したくても、タイミングが…

→気づきや不安と向き合う機会を保障する

＊（はじめて関わる時）衰えていく高齢期の
○○さんとしてではなく、これまでの生き
様を共に振り返り、これからを共に考えて
いきたい…

学習講座 4

障害のある人と社会保障裁判

藤原精吾（弁護士）

【講師プロフィール】
藤原精吾（ふじわら　せいご）
　弁護士
　兵庫障害者センター理事長
　日本弁護士連合会元副会長
　優生保護法被害者兵庫弁護団長

社会保障政策形成訴訟の始まり
1，朝日訴訟

◆1957年8月、岡山の国立療養所で療養中であった
重症結核患者の朝日茂さん（当時44歳）

◆国の生活保護費の保護基準は
「健康で文化的な最低限度の生活」を侵害している

◆厚生大臣の保護基準に基づく保護費決定は違憲

朝日さん勝訴！

1960年10月19日東京地裁（判例時報241号2頁）
【判決】
①国が生存権の実現に努力する義務に反し、生存権の実現に障害となる行為をするときは、無効
②「健康で文化的な」とは単なる修飾ではなく、それにふさわしい内実をもつものでなくてはならず、それは客観的に決定できる。
③最低生活水準は予算の有無によって決めてはならず、むしろ予算を指導・支配すべきである。

東京高裁・最高裁で不当判決
（1967年5月24日大法廷判時481号9頁）

1963年11月東京高裁は一審判決を取り消し、朝日さんを敗訴させた。

◆朝日さんは敗訴のショックのため、64年2月14日帰らぬ人となった。朝日さんの養子となった健二さんが裁判を引き継いだ
◆最高裁は「本件訴訟は上告人の死亡によって終了した」と宣告。
◆ついでに「保護基準を決めることは厚生大臣の裁量である」と権利性を大幅に後退させた。

【人間裁判】朝日訴訟は
社会保障制度を前進させた

①国は国民の生存権を実現せねばならない
　「健康で文化的な最低限度の生活」（憲法25条）は法的に拘束力のある基本的人権である。

②生活保護基準の引き上げ
　月額600円であった日用品費は一審判決後1,035円、62年には1,285円と倍増した。

③人を作り、運動を作った
　朝日訴訟運動に関わった人たちが、その後社会保障運動の担い手となった。権利意識を国民のものにした

11

堀木さんの疑問

私は小さいときから目が見えません。 あんまの仕事で2人の子を育てていますが、母子家庭への児童扶養手当をもらいたい。	区役所にもらいに行ったら、「あんたは障害福祉年金をもらっているから、児童扶養手当は出せん！」と言われた。 母親が居て、父親が障害年金をもらっている家庭には児童扶養手当が出るのに・・・納得できません。

堀木さん、大法廷で弁論

口頭弁論後の記者会見（1982年4月28）
（藤原精吾弁護士）　（堀木フミ子さん）　（小）

「福祉事務所の人に児童扶養手当を支給して欲しいとお願いしたら、『どうしても手当が欲しかったら、子どもを他人に預けた形にすればええ』と云われ、本当にくやしい思いをした。そのような苦い思いを、これからの若い母親たちに味あわせないように、私の願いを聞き入れてほしい。」

堀木さんの願いを妨げた法律条項
児童扶養手当法4条3項3号（改正前の条文）

（支給要件）
第4条
3　第1項の規定にかかわらず、手当は、母に対する手当にあっては当該母が、養育者に対する手当にあっては当該養育者が、次の各号の何れかに該当するときは、支給しない。

三、公的年金給付を受けることができるとき。
　（そして、堀木さんの障害福祉年金はこれに当たる）

堀木訴訟最高裁判決
昭和57年7月7日大法廷（上告棄却）

1、憲法25条は、国が個々の国民に対して具体的・現実的に・・・義務を有することを規定したものではない。

2、「健康で文化的な最低限度の生活」なるものは抽象的・相対的な概念であって、・・・政策的判断を必要とするものである。

3、公的年金相互間における併給調整を行うかどうかは立法府の裁量の範囲に属する。

4、給付額の決定も立法政策上の裁量事項であり、それが低額であるからといって当然に憲法違反に結びつくとはいえない。

堀木訴訟神戸地裁判決

(A)視覚障害者世帯の生活実態

(B)母子世帯の生活実態

「そうすると、本件条項は、何ら合理的な理由がないにも拘わらず、・・・視覚障害者として、障害福祉年金を受給している者であって、児童を監護する母であるという地位にある女性を、一方において、同程度の視覚障害者である障害福祉年金受給者の父たる男性と性別により差別し、他方において、公的年金を受給し得る障害者ではない健全な母たる女性と社会的身分に類する地位により差別する結果をもたらすものである・・・」

★裁判は敗訴で終わった
☆しかし、大きな成果を勝ちとった

☆国の児童扶養手当法改正
- 　児童扶養手当法4条3項3号（併給制限条項の一部改正）
- 　　給付額、人数
- 　　17万人から30万人に
（うち障害者世帯は1万2000人から2万4000人に）

- （全盲の母が六法全書を書き替えさせたのである）

24

堀木訴訟神戸地裁判決(2)

「被差別者である右女性の経済的な生活環境は、極度に悪いのであって、法律によって手当の支給を拒否されている当該女性の被差別感は、極めて大なるものであることが容易に感得される・・・」

「かかる事態を惹起させている本件条項は、現行制度のままでは、憲法第14条第1項に違反し、無効であるといわなければならない。」

堀木裁判がゲットしたもの

「福祉元年」と言われる社会保障制度の見直し

①手当額の引き上げ　4,300円→6,500円/月

②親・養育者の所得制限緩和

③併給禁止問題の提起

　見直しの実現（老齢福祉年金、特別児童扶養手当）

堀木さん提訴の弁

「私がなめた茨の道を歩ませないよう、これからの若い障害者に代わって、裁判に踏み切る」を実現

社会保障裁判番付表

東	番付	西
1. 朝日訴訟	横綱	2. 堀木訴訟
3. 自立支援法違憲訴訟	大関	4. 浅田訴訟
5. 玉置君学習権訴訟	関脇	6. 中島学資保険訴訟
7. 学生無年金訴訟	小結	8. 和歌山石田訴訟
9. 高松手話通訳派遣訴訟	前頭1	10. 成年後見選挙権訴訟
	目下奮闘中	
◆優生保護法違憲訴訟	張出大関	◆生活保護基準引下げ違憲訴訟

仙台、札幌、東京、静岡、大阪、神戸、福岡、熊本
2022年大阪高裁、東京高裁で勝訴

全国30地裁、原告1021人
2021年大阪地裁、2022年5月熊本地裁、6月東京地裁で勝訴

優生保護法被害者事件
法律で障害者を断種・不妊手術

1948年旧優生保護法を制定
　視覚、聴覚、奇形、知的障害など遺伝性の障害をもつ者、遺伝性でなくても、ハンセン病、重度の精神障害者を「不良な子孫」として強制的に不妊手術を行った。公共の福祉で人の尊厳を犯す1996年まで48年間にわたり、約2万6000人が強制手術を受け、ほかに家族や学校、周囲から「同意」による手術を受けさせられた人は10万人近くいると想定される。
96年に1996年に旧法が改正され、強制手術の項目を削除して「母体保護法」となったが、何の補償立法をしないまま20年以上経過した。

47

裁判は圧勝
「基本合意」の成立　2010年1月7日

◆世論の大きな共感と支持を得、政権の交代もあって、2010年1月7日、応益負担に終止符を打つ「基本合意」が国と原告団、弁護団との間で取り交わされた。

◆厚生労働大臣は「応益負担はやめる。障害者総合福祉法を制定する」との確認書に署名し、各地裁判所で和解による終結をした。合意した内容は；
①利用者負担を増やさない、
②収入認定は本人だけ、
③介護保険優先原則の廃止、
④安心して暮らせる支給量を保障し、個々の必要性に応じた決定、
⑤そのために、障害区分の廃止。
　であった。

強制不妊手術は憲法違反
しかし、20年の除斥期間で権利消滅

仙台地裁国賠判決
2019年5月28日（判時2413、2414号）
「旧優生保護法による不妊手術は憲法13条違反」
「しかし、手術を受けてから20年以上経過したので、民法724条で権利は消滅した」
その後、東京地裁、大阪地裁、札幌地裁、神戸地裁で相次ぐ敗訴

93年3月13日神戸地裁　障害があっても教育を受ける権利を認める判決

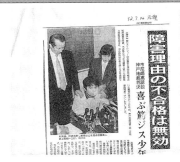

37

しかし、2月大阪高裁、3月東京高裁で
逆転勝訴！

除斥期間で権利が消滅したと云うのは、
「著しく正義・公平に反する」
未だ権利は消滅していない。
国に損害賠償を命じる。

2022年2月22日　大阪高裁判決
2022年3月11日　東京高裁判決

学生無年金訴訟判決

平成21年4月17日東京地裁判決（判例時報2050号95頁）
　平成3年3月31日以前は、20歳以上の学生は国民年金が任意加入だった。学生時代に病気や怪我で重度の障害を負っても、未加入だと障害基礎年金が支給されない。そこで国民年金加入が義務化されるまでに重度の障害者となった人たちが全国で多数立ち上がって年金支給を求める訴訟を提起した。平成16年3月24日東京地裁で任意加入の有無で年金受給権の有無が決まるのは法の下の平等に反し、違憲との判決を下した。
2004（平成16）年12月「特定障害者に対する特定障害給付金の支給に関する法律」が制定された。

全体のまとめ

1. 権利はたたかいによって獲得される
2. 納得できないことに黙らない（あきらめない）
3. 社会保障は歩いてこない
　（自由権と異なり、守るだけでは前進しない）
4. 支えは生存権の思想であり憲法25条である
5. 政治権力に遠い市民、少数者が制度を動かす手段として裁判と運動がある

◎一つの裁判が制度を変える、法律を作る

第56回全国大会の成果と課題

全国障害者問題研究会 全国委員長　**越野和之**

開会全体会

　8月6日土曜日、広島への原爆投下から77年目のこの日、早朝には激しい雨が降り、甲子園大会の開会式の開始が遅れるなどのエピソードもありましたが、開会全体会の会場となった神戸ポートオアシスでは兵庫県内からの参加者に限定した50名弱が集い、全国各地からの1200人のオンライン参加者ともつないで、およそ3時間半の開会全体会が行われました。会場参加を県内参加者に限定するという苦渋の決断は、一週間前の大会準備委員会で急遽なされたものでしたが、現地参加を予定していた近畿ブロックの各支部などにも連絡を徹底し、当日は、感染症対策にも万全を期して、整然とした開会全体会とすることができました。

　開会前には、各地に準備されたパブリックビューイング開場からも声と笑顔を届けていただくなど、「集まれないけれど心は一つ」の開会ができたと思います。オープニングでは、事前録画された「こるもっきる」の韓国の伝統打楽器の演奏がお披露目され、参加者にあたたかい雰囲気が共有されました。

　主催者あいさつに続き、丸山副委員長による大会基調報告では、3年にわたるコロナ禍の下での障害児者・家族の権利侵害の実態と発達保障を志向する実践が直面した困難をライフステージごとに明らかにするとともに、そうした状況の下での研究運動の課題が提起されました。弁護士である藤原精吾さんによる特別報告は、藤原さんの体調がすぐれなかったため、前兵庫支部長の河南勝さんによる代読となりましたが、ていねいに準備された報告スライドと原稿をもとに「障害者の人権と優生思想」と題して、堀木訴訟から優生保護法被害者国家賠償訴訟に至る障害者の権利保障をめぐる裁判闘争の経過と課題を立体的に明らかにするものでした。

　記念講演は、フォトジャーナリストの安田菜津紀さん。演題「『みんなのねがい』表紙など 写真と共に考える人びとの人権、平和」にあるように、安田さんの写真は2018年以来5年間にわたって『みんなのねがい』の表紙を飾ってきました。講演では、毎月の『みんなのねがい』の表紙をスライドで紹介しながら、そこに登場する人々の生活が戦争や災害、あるいはさまざまな差別やヘイトクライムによってどのような苦難に直面させられてきたのか、そうした中で人々が何を思い、どのように生きたいと願ってきたのかを、安田さん自身の経験とも重ねて語っていただきました。「戦争も人権侵害も、国家や民族などの〈大きな主語〉の下で引き起こされる。○○さん、××くんという〈小さな主語〉で語ることで、そこに息づく一人一人の暮らしを知り、そのねがいを捉えることができるのではないか」という安田さんのお話は、私たちが日々の実践や研究運動の中で大切にしてきたことと深く響き合うものだったと思います。

　続いては、大会準備委員会による文化交流企画「カルタとりで話そうや～ちょっときいてよ、この気持ち～」。この企画は大会準備活動の中で語り合われた「コロナ禍だけでなく日々様々な事柄に対して渦巻く気持ち、本当はこうだったら良いのに／この思いをわかってもらえたらというねがいなどを、どうにかみんなで共有できる方法がないか、共有して楽しくなれる方法はないか」という問いかけに応えて具体化されたものだといいます。そのとりくみは、安田さんの言う〈小さな主語〉を大切にするという点で記念講演の内容とも共鳴するものであり、加えて、その〈小さな主語〉のねがいや思いを、ユーモラスな「読み札」と、

かわいかったり、一方では身につまされるような「絵札」で表現するという文化活動でもあります。カルタづくりを通して、「ねがい」と「文化」でつながった兵庫のとりくみに笑ったり涙したりのゆたかな時間となりました。

分科会

　大会2日目の分科会は完全オンラインで行いました。前年の静岡大会の分科会構成を踏襲した15の分科会とライフステージごとの3つの「分科会全体会」を開設、総計39本のレポートが寄せられました。そのうちの12本が兵庫からのレポートです。兵庫のレポートは現地準備委員会が声をかけ、発掘したレポート、一方兵庫以外のレポートは、各分科会の運営者（司会者、共同研究者およびZOOMのホスト担当）が事前に協議して推薦、依頼したものです。各地、各分野に目配りし、分科会の討議に必要な報告を依頼し、発掘してくれた準備委員会と分科会運営者の努力で、いずれも3時間ずつと限られた時間設定ではありましたが、充実した分科会討議を行うことができました。以下、ライフステージごとに特徴を概観します。

(1)　乳幼児期の実践

　乳幼児期の実践については、実践の場は「保育所等および専門施設」を分けずに討議することとし、障害種別ごとに⑴発達のおくれ、知的障害ほか、⑵自閉スペクトラム症、発達障害、⑶肢体不自由・重症児を設定し、加えて全体会を開催しました。午前中に行われた障害種別の分科会では、いずれも児童発達支援センターや同事業所などからの療育の実践が計5本報告され、報告後の討議では小規模のグループ討議を設定するなどして実践報告から学び合いました。3つの分科会の参加者数をあわせると250人あまりとなります。

　障害の違いによって具体的な論点や実践上の留意点などは異なるものの、共通して、子どもたちのねがいに心を寄せて子どもの行動を捉えること、子どものねがいに応える生活を用意し、子どもたちの活動を引き出すことが発達を保障する実践の核であること、子どもたちへのとりくみとともに、わが子の障害に悩む保護者への支援も重要であり、その中心には子どもの姿と発達へのねがいを共有することが大切であることなどが討議されました。保育者と関係をていねいに築くことを基盤としながら、子ども同士の関係を紡いでいくことの重要性も共通に指摘されています。

　午後の全体会では直近の児童福祉法改正などの

情勢も踏まえつつ、「保育と療育をつなぐ」という テーマで、専門機関と保育所・幼稚園・こども園などがつながって、子どもの発達を保障する地域をどうつくっていくかが討議されました。名古屋市における地域療育センターづくりや障害の早期発見・早期対応システムの蓄積をもつ大津市における発達保障の地域づくりの課題を討議しています。

(2) 学齢期の実践

　学齢期の実践としては、学校教育の場ごとに、⑴通常学級(通級指導を含む)、⑵障害児学級、交流・共同教育、⑶障害児学校の３つを設定し、これに加えて⑷放課後保障と地域生活を開設しました。報告は各２本ずつの計８本、参加者は学校教育関係の３つの分科会の計が200人あまり、放課後は60名あまりでした。午後には「子どもたちの『学ぶ権利』の保障と教育環境」を主題とした分科会全体会を行いました。

　学校教育に関わる３つの分科会での報告と討議の記録を見ると、今日の学校教育の息苦しさがまず目にとまります。「学校スタンダード」などの画一的な教育の横行と、その下で「指導の難しい子」が排除されかねない状況が、特に通常の学校からの複数のレポートの中で語られました。しかし、そうした中にあっても、同僚の力も借りながら、子どもたちの悩みや葛藤に寄り添おうとする努力が報告されています。そこでは、実践にとりくむ当の教師自身が、自らの子ども観を揺さぶられ、あるいは当初設定した教育上の目標が、揺らぎを経て深められていく過程が語られました。一方では、子どもたちの心をつかむ合唱のとりくみを通して障害児学級の子と通常学級の子が交流を深めていったり、「雲」をつくるなどの大がかりな実験を通して豪雨災害を学ぶとりくみを通して学ぶおもしろさを実感するなど、ねうちのある学びを組織する学校教育の役割も討議されました。

　放課後保障の分科会では、保護者とともに放課後活動をつくる実践が報告され、保護者との共通認識の形成が実践者を励ますことが討議されるとともに、2021年報酬改定などの影響が実践と事業の存続そのものにも厳しい影響を与えていること、制度改善のための社会的な合意形成の課題な

どを語り合いました。

(3) 青年期、成人期の実践

　この分野では「権利保障の今日的課題」をテーマに午前中に設定された分科会全体会（報告は３本）の後、午後に、⑴学ぶ、楽しむ、文化活動、⑵働く場、⑶暮らしの場、⑷地域での生活と支援、⑸障害の重い人の生活と支援の５つの分科会を設定、各分科会２本、計10本の報告をもとに討議を進めました。分科会参加者は200名あまりでした。

　青年期から、高齢期を含む成人期までというたいへん長い期間、また、学び、働き、暮らすという生活の多様な局面を対象とする分野だけに、報告も討議も多彩に行われました。学校を卒業した青年期の時期にも、仲間と学び、働く中で大きな発達的変化があり、高齢期には高齢期ならではの、人間らしく生きていくための課題と、人格的な変化があります。障害を持ちながら長い人生を生きる人々のねがいを丁寧に聴きとりながら、そのねがいに実際に応えうる暮らしをつくっていくためには、息の長い取り組みと、生活のそれぞれの局面を支える支援者、機関が共通認識を形成し、「力を合わせる」実践が欠かせません。しかし、支援サービスを商品化しようとする今日の動向の中ではこの課題に応えることは簡単なことではありません。就労の場や自立を支えるための制度運用に関わる権利侵害の実態も報告されました。権利侵害を改めさせ、人間的な自立を保障していく取り組みを進める際の指針として、日本国憲法と障害者権利条約を位置づけようという討議（第11分科会）も重要でした。

(4) ライフステージを貫く実践と課題

　この分野では、⑴障害のある人の性と生、⑵障害者運動、⑶親、きょうだい、家族という３つの分科会が設けられ、計８本のレポートをもとに討議がなされました。参加者は120名弱でした。性と生の分科会ではレポートは兵庫からの１本のみでしたが、青年たちの性に関する悩みを自治的な話し合いを通して考え合っていく報告をもとにていねいな討議がなされています。障害者運動の分科会では戦争と平和の問題、優生保護法訴訟と優生思想の問題、また地域生活の分科会の課題とも

重なる地域生活支援をめぐる問題が討議されました。親、きょうだい、家族の分科会には、親の立場からの3本のレポートと、親と本人のねがいに応えたいと取り組みを進めてきた社会福祉法人職員のレポート1本の計4本の報告が寄せられました。ライフステージのいくつもの時期にわたり、生活のさまざまな局面で生じている親・家族の負担をどう解決していくか、「家族のノーマライゼーション」に向けたあゆみを確認し、当面する課題を話し合いました。

学習講座

今年度の学習講座は、①「発達保障とはなにか―発達理解の基本を中心に―」（木下孝司さん）、②「ねがいひろがる教育実践」（川地亜弥子さん）、③「人とつむぎ、織りなす日々のなかで　高齢期の発達」（張貞京さん）、④「障害のある人と社会保障裁判」（藤原精吾さん）の4講座を開設し、オンデマンド方式で配信しました。対面の大会の場合と同様に分科会開催の時間に視聴するほか、9月上旬までの約1ヵ月の間にも視聴することができるようにしました。この間にこれらの講座動画が視聴された回数は1000回を超えています。兵庫では、大会終了後に、学習講座を集団で視聴する取り組みも行われました。充実した4本の講座を素材に、人間の発達とそれを実現する実践、実践を支える制度とそれを実効あるものとする権利保障運動の全面にわたる学習が各地でなされたものと思います。

まとめにかえて

兵庫支部のみなさんに、2022年全国大会開催の打診をしたのは、2019年夏の長野大会（第53回全国大会）でのことでした。この年の支部長・事務局長会議（12月）の際には、翌年4月の兵庫支部総会で大会開催を決議すると伺い、私も出席を約束しました。ところが、2020年の年が明けると少しずつ「新型感染症」に関する報道が目立つようになり、2月末には当時の安倍首相による突然の全国一斉休校要請。4月からの緊急事態宣言の下、予定した兵庫支部総会も対面での開催は困難

になり、赤木支部長を中心に急遽準備していただいたオンラインでの開催となりました。今ではすっかり当たり前になったオンライン会議ですが、私のZOOM初体験は、上記の兵庫支部支部総会（2020年4月12日）でのことでした。

以後、今日に至るまで、私たちの生活は、3年もの長きにわたって新型コロナウイルス感染症の強い影響下におかれ、兵庫での3回目の全国大会は、その準備組織の結成から大会の当日に至るまでのすべての過程が「コロナ禍」の下で取り組まれることになりました。しかし、これまでに経験したこともない、先の見通せない状況下での幾多の困難にも関わらず、兵庫の地で長年全障研活動に取り組んできた仲間たちは、本大会を契機として多くの仲間たちを大会準備活動に迎え、力を合わせて、粘り強く、かつ楽天的な、創意あふれる準備活動を進めました。こうした取り組みと、全障研の研究活動にねがいを寄せる、全国各地のみなさんの思いが一つになって、大変実り多い大会が実現できたと思います。

「久しぶりに話そうや、私たちのねがい」の大会テーマの下、「本当は会って語りたかった」という思いを抱きながら、ハイブリッド形式での全国大会の実現に、力を尽くしていただいた兵庫支部のみなさん、各分科会に参加し、レポートを寄せ、あるいはその運営に携わっていただいた全国のみなさんに心より感謝申し上げます。

準備活動のまとめ

兵庫大会準備活動のまとめ

全障研第56回全国大会準備委員会事務局長　早川一穂

1．22年ぶり3回目の全国大会

　兵庫では第23回大会（1989年）、第34回大会（2000年）と過去に2度の全国大会を開催してきました。そこから20年余り、過去の大会を経験された方も少なくなり、支部事務局では「若返りを」と事務局体制を見直していた時期に全国大会の打診がありました。

　兵庫は堀木訴訟や養護学校義務制、高等部の全入運動など全障研の結成当時から運動・活動を前線で引っ張ってこられた先輩がたくさんおられます。また神戸大学の先生たちを筆頭に実践と研究を丁寧に紡ぐ先輩方が多くおられ、季節ごとに行っている支部学習会も非常に充実して開催できていました。2017年には2日間の学習会をまとめ直した「実践、楽しんでますか？　発達保障からみた障害児者のライフステージ」（クリエイツかもがわ）という本も支部から出しています。そうした中で事務局の若返りを目指していましたが、実際は先輩方へのおんぶに抱っこを抜けきれておらず…この機会に兵庫のバトンを引き継ごう、タイミングは今しかないのでは、と全国大会を引き受けることに決めました。

2．コロナ禍での準備活動がスタート

　2021年2月、準備委員会を結成。本格的に全国大会に向けて動き始めました。準備委員会には兵庫県内でさまざまに活動されている方々が、療育・放課後・支援学校・作業所・大学など分野をこえて集まりました。社会情勢は新型コロナ感染が一向におさまらず、実際に集まって話し合うことができないため、会議は基本的にオンラインで行われました。実際に顔を合わせたことがない「はじめまして」の関係性の中で、画面越しに「話し合う」ということに当初は難しさがありました。しかし、準備委員の懐の深さとフレンドリーさが合わさった「兵庫らしさ」が存分に発揮され、プレ学習会など準備を進めていくうちにそれぞれの背景・思いが浮き上がり、あれこれと意見交換ができる関係になっていきました。

3．「久しぶりに話そうや、私たちのねがい」

　準備委員会ではじめに取り組んだのは、「大会テーマ」を決めることでした。全国大会に参加したことがない準備委員もいる中、まずは「全国大会ってどういうものか」を共有しました。その上で、兵庫での運動や実践、何を大切にしてきたのかという思いを話し合いました。テーマについて話す中で、コロナ禍になって以前にも増してゆっくり話す時間がない、関係が希薄で孤立している、学校などでさまざまに活動が制約される、何気ない立ち話もしづらい、飲み会で語り合うこともできないなど、なかま・子ども・保護者・同僚・自分たちの現状が共有されました。また前年の全国大会もコロナ禍でオンライン開催になっており、今大会では全国の仲間と久しぶりに会って学び合いたい・語り合いたい、という声もありました。そういったさまざまな思いが込められて、「久しぶりに話そうや、私たちのねがい」という切実な大会テーマが生まれました。

　「話す・聴く」という文脈から、記念講演は『みんなのねがい』の表紙写真を撮影されており、「表紙のことば」として写真の背景を書かれている安田菜津紀さんにお願いしたい、という声が多くあがりました。同時に、兵庫で長く弁護士活動をされていて障害者運動にも縁が深い藤原精吾さんにもお話を聞きたいという意見が出ました。お二人

に共通しているのは、声をあげることが難しい人たちに寄り添って丁寧にその人たちの声を聴き、社会に伝える・訴える活動をされていることです。準備委員での話し合いの末、どちらかを選ぶことはできない、どちらのお話も聞きたい…ということで、記念講演を安田さんに、特別報告・学習講座を藤原さんにお願いして、贅沢にもお二人ともにお話しいただくこととなりました。

4．広がる「学びの輪」

全国大会の開催にあたって、兵庫支部ニュースの紙面では２つのコーナーが始まりました。ひとつは県内各地の実践をインタビューして「数珠つなぎ」で紹介していくもの、もうひとつは兵庫支部で長く活動してこられた先輩たちに兵庫の運動史や全国大会への思いを語っていただくものです。どちらも兵庫県内のたくさんの方が関わってくださり、会員のみなさんとともに兵庫の実践・運動史を学び、深めていく機会となりました。

また大会開催の約１年前からはプレ学習会が始まりました。ほぼ毎月開催し（全16回）、本当にさまざまな領域で障害のある人やその家族に寄り添っておられる方々が講師としてお話してくださり、全国大会に向けて参加者とともに学びを深めていきました。基本はオンラインでの学習会でしたが、東西南北に広い兵庫県のあちこちから講師になっていただき、また参加者も県外含めて広い地域からの参加がありました。きょうされん・教職員組合・放課後ネット・障害者連絡協議会などと共催で行った学習会もあり、全国大会に向けた「学びの輪」を広げていくことができました。プレ学習会に「参加してよかったです」という感想が届くたびに本番への準備も頑張っていこう、と気が引き締まりました。

コロナ禍で学習会スタイルがオンライン・ハイブリッド主流に変わりましたが、これまで全障研や兵庫支部が大切にしてきたこと・学習会を通して伝えたいことはなにも変わっていない、むしろ参加方法の選択肢が広がったとポジティブに捉えています。「オンラインの参加が楽」「やっぱり対面で講師の話を聞きたい」といった声がある中で、情報・学習会にさまざまにアクセスできる環境を整えていったことが「学びの輪」の広がりにもつながったのではないかと思っています。

「数珠つなぎ」や「プレ学習会」でのつながりは、分科会のレポート組織にもつながっていきました。兵庫で全国大会をすることが色々な形で県内に伝わり、準備委員から各方面にお願いをして15分科会中12分科会でレポート報告者を組織することができました。全国大会が近くなった頃には、レポート報告をする方向けのプレ学習会を元教員の原田さんにお願いして行うなど、学びと連動してサポート体制をつくっていきました。

5．文化交流企画でつながる「私たちのねがい」

今大会に向けて、準備委員それぞれが役割を担って精一杯取り組んできました。その中でも、全体会の要である「文化交流」を担った準備委員の尽力は相当なものがありました（時には深夜にも及ぶオンライン会議、各方面への働きかけ、最終的な動画作成など）。「文化交流」を「カルタ」にしようと話し合ったのは2022年になってから。コロナ禍だけでなく日々さまざまな事柄に対して渦巻く気持ち、"本当はこうだったら良いのに""この思いをわかってもらえたら"というねがいなどを、どうにかみんなで共有できる方法がないか、共有して楽しくなれる方法はないか…と考えた末に「カルタ」にたどりつきました。「それ、いいやん」と直感的に採用されて始まった「カルタづくり」は、その後、文字通り県内全域を巻き込んだ取り組みになっていきます。

まずは「読み札」の募集からスタート。県内の放課後デイの事業所、作業所のなかまたち、保護者の方々、学校の先生などに読み札づくりをお願いしていきました。個人で書いてくださる方もいれば、職場などで集まってわいわいと話し合って書いてくださる場合もあり、読み札づくりを通して「私の／私たちのねがい」が湧き上がってくるようでした。次に「絵札」づくり。たくさんの方々が関わって、読み札にしっくりくる、なんとも言えない絶妙な絵札を描いてくれました。読み札・絵札がそろったカルタを見ると、なるほど、じ〜んと心にせまるものもあれば、思わずフフッと笑ってしまうものも。さまざまな背景が想像できる

ものばかりでした。のべ100人以上の方々が携わって文化交流のカルタが完成しました。最後は「動画」づくり。読み札作成の背景をインタビュー形式で話してもらい、それらを赤木さん・福元さんの軽快な会話でつないでいきます。フワッと聞けてグッと伝わる「私たちのねがい」がたくさん詰まった「文化交流」の完成となりました。

6.「ともに」学び合える全国大会に

　今大会は準備段階から、コロナ情勢がどうなっていくのかを読みながら軌道修正をしていくことが必要でした。当初は全面的に対面で開催するつもりで準備を進めており、全体会の会場は2000人規模、分科会会場も数カ所をおさえていました。しかし、情勢は一向に変わらず、むしろ悪化の予測が大きくなっていきました。難しい状況判断の中、現地で集まる可能性は確保しておきたい、と全体会の会場の規模を縮小して探し直すことに。あわせて、全体会会場以外でも集まれるように県内の各地、全国それぞれの支部でパブリックビューイングを広めてもらう動きをお願いしました。たくさんの人が集まることは難しい状況だけれど、一人でパソコンの前に座って学ぶ以外の選択肢を用意したい、大会テーマを少しでも実現できるようにしたい、との思いが準備委員に強くありました。結果として感染拡大の真っ只中でしたが、神戸の会場では感染対策を徹底して集まり、全障研史上初の試みであった全国へのハイブリッド配信を成功させることができました（ハイブリッド配信では全国事務局の薗部さん・櫻井さんの多大なご尽力がありました）。さらには、各支部でのパブリックビューイング、職場などでの小集

団視聴でも「ともに学ぶ」機会をもつことができた大会となりました。2日目の分科会は全面オンライン実施でしたが、定員いっぱいになる分科会があるほど盛り上がりをみせていました。学習講座はオンデマンド配信で9月上旬まで視聴期間があり、1ヵ月弱の短い間でしたが本当にたくさんの人が動画を見て学ぶ機会になりました。学習講座を職場の参加者で集まって見てくださったところもあったようです。大会テーマである「久しぶりに話そうや、私たちのねがい」は、大会の2日間、また大会までの準備期間を通して確かに実現できたのではないかと思っています。

7．大会を終えて

　大会準備をする中で、兵庫県内のたくさんの方に出会い、一緒に取り組みをさせていただきました。本当にありがとうございました。
　その中でも、兵庫の先輩方は障害児者運動・活動を引っ張ってこられた気骨がある人が多く、その姿に学びながらも圧倒されることが多々ありました。今、何に圧倒されていたのかなと振り返って考えると、その思いの大きさ・深さだったように思います。目の前の子どもやなかま、その家族、同僚の、そしてこれまでそれが叶わなかった方たちの「ねがい」を含んだ実践・研究・運動への「思い」なのだろうと受けとめています。
　大会があったからこそできたつながりがあり、感じられた「思い」があり、一緒にその「思い」を共有できた私たちがいます。兵庫のバトンは私たち世代がしっかりと受け取り、兵庫の障害のある人たちや関わる人たちとともに、これからも全障研活動を進めていきたいと思います。

準備活動日誌

会議や学習会は基本的にオンラインで開催してきました（対面・ハイブリッド開催の場合は明記）。

2021年

2月23日　第1回準備委員会（ハイブリッド）

4月18日　兵庫支部、支部総会・学習会「『障害』をこえてともに学びあう：「交流・共同教育」実践を通して」（講師：金丸さん）（ハイブリッド）

4月18日　第2回準備委員会

5月22日　第3回準備委員会

7月4日　兵庫支部学習会「障害のある子どもの発達に学ぶ：子どもの心に聴きながら」（講師：白石正久さん）（ハイブリッド）

7月4日　第4回準備委員会

9月4日　第5回準備委員会

9月23日　第1回プレ学習会「実践レポートを書く『不純な動機』と『人生の習慣』」（講師：原田さん）

10月23日　第2回プレ学習会「何ができる？何がしたい？」（講師：福元さん）

11月22日　第3回プレ学習会「子ども、保護者と共に歩む子育て支援〜自分自身の育ちと向き合って〜」（講師：多田さん）

12月5日　第4回プレ学習会「障害者の人権の視点からみる障害者権利条約」（講師：薗部さん・吉山さん・藤原さん）（ハイブリッド）

12月11日　第6回準備委員会

2022年

1月9日　第5回プレ学習会「繋がる　流れる　子どもが活きる」（講師：谷部さん）

1月23日　第6回プレ学習会「卒業生に学ぶ　学校って？授業って？」（実践報告：安達さん・小野さん・粟田さん）

2月12日　第7回プレ学習会（コロナ感染拡大のため延期）

2月13日　第7回準備委員会

2月26日　第8回プレ学習会「もっとわかってよ、ボク・わたしのこと：関わりづらさ、育てにくさのある子どもの内面に寄り添うには」（講師：近藤さん）

3月6日　第9回プレ学習会「今、堀木訴訟を振り返りみて」（講師：豊田さん）

3月13日　兵庫支部総会・学習会「みんなのねがい3月号の川地連載を読む」（講師：川地さん）（ハイブリッド）

3月19日　第10回プレ学習会「教育権保障の視点からみた障害者権利条約」（講師：河南さん・市位さん・赤木さん）（ハイブリッド）

3月30日　文化交流企画打ち合わせ（3）

4月2日　近畿ブロック学習会「発達のなかの煌めき」（講師：白石正久さん・恵理子さん）（ハイブリッド）

4月9日　第8回準備委員会

4月16日　第11回プレ学習会「戸惑う時期に寄り添って：障害のある子の思春期にどう向き合うか」（講師：白石恵理子さん）

4月24日　第12回プレ学習会「障害のある子どもを性と生の主人公に」（講師：千住さん、実践報告：放課後等デイサービス職員）（ハイブリッド）

5月21日　第9回準備委員会

5月22日　第13回プレ学習会「私に人生と言えるものがあるなら…」（講師：原田さん）

5月22日　第14回プレ学習会「乳幼児期に大切にしたい療育・保育を考える」（講師：木下さん、実践報告：療育現場の職員）（ハイブリッド）

5月28日　第7回プレ学習会「仲間のホントのねがいをつかむ：職員集団も揺れながら」（実践報告：永井さん、講師：赤木さん）（2月に延期となっていた学習会を無事に開催）

6月4日　第15回プレ学習会「レポートを書いてみよう！」（講師：原田さん）

6月18日　全国事務局スタッフ会場下見

6月18日　第10回準備委員会（ハイブリッド）

7月5日　全国事務局スタッフ会場打ち合わせ

7月16日　第11回準備委員会

7月17日　第16回プレ学習会「『みんなのねがい』兵庫特集をみんなで読もう！」

7月31日　第12回準備委員会

8月2日　事前準備（1）（対面）

8月5日　事前準備（2）（対面）

8月6日・7日　全国大会（兵庫2022）

9月4日　第13回準備委員会（総括）

参加者の声　〜開会全体会〜

特別報告　藤原精吾さん

「障害者の人権と優生思想」

◆河南さんの代読は、代読とは思えないほど藤原先生と重なって聞くことができました。

◆残念ながら、藤原さんからお話を直接お聞きすることはできなかったのですが、代読していただき内容がよく伝わってきました。特に保健体育の授業で優生思想を教えていたという事実は、一教員としてショックでした。自分が障害児教育に携わっていなかったら、そのおかしさに気づけたのだろうか。いや、今の自分にも優生思想につながる考えがあるのではないか。教師と子ども、親と子どもの関係の中で、また、受験戦争や競争的な教育の中で知らず知らずに植え付けられている優劣の意識、そのようなことに向き合う機会となりました。

◆過去には国の過ちに対し、その時代には声を上げることが出来なかった。こうしたことが繰り返されないよう、日頃から情勢を見極めていく力をつけなければ、と感じました。

◆「一人ひとりの人権はかけがえのないものであり、他者がそれを侵すことがあってはならない」ということは異論がないと思うのですが、障害者の人権となると、軽視されがちなのはどうしてなのかといつも不思議に思います。社会全体が「他者を『下げる』」ことでしか自分の価値を見いだせなくなっていて、これが障害者に限らず、社会的弱者への攻撃につながっていると思います。職場でも「〇〇は『使えない』」ということを平然という人もいます。こういうことを言ってしまう人たちを責めたり、非難・批判するだけではなく、すべての人たちがありのままで認められるようにしなければならないと強く思いました。

◆専門的なことがわからなくても理解できるように、噛み砕いてお話して下さり、よく理解できました。

◆兵庫県で裁判が行われていたことは知っていましたが、いろいろなところで行われているのですね。「知らない」ということは、恐ろしいことです。

◆優生保護法が戦後、日本国憲法の下で行われたことや、学校教育が一端を担っていたことを知って、驚きと怒りを感じました。関心を持ち続けることや運動を広げることの大切さを考えました。

◆優生思想について国の施策として広められていたということに今日まで気づきませんでした。そういえば教科書にも載っていたし、「不幸な子どもを産まない運動」は私が物心ついたころには始まっていました。今思うと国を挙げて人権侵害をしていたわけですが、このことに気づかなかったんですね。とても大切なことを教えてもらいました。

◆高裁判決で勝訴した後も、国は従わず上告しているのはひどいと思う。障害者権利条約を批准したにも関わらず。

◆優生思想と本当の意味で向き合うには、国民が自分の心の中に無意識で抱える問題に意識を向けていかなくてはいけません。「優生裁判」のなかで、一人でも多くの方が自分と向き合い自らの中に潜んでいる思想に気づき考える機会に今後なっていってほしいなと改めて感じました。

◆裁判がどうなっているかなど、関心を寄せることがまず大事なんだなあと思いました。

◆優生思想について自分の日常生活と照らし合わせて、深く考えました。

◆優生保護法が戦後成立し、長く変わらなかったのはなぜか、母子保健の場で仕事をしている身には、厳しい問いだと感じました。一つずつ、わかりやすく解説していただけたことで、どういう経過で今もどんなことが起こっているか知ることが出来て、大変勉強になりました。今も続く裁判をしっかりと見届けること、自分たちの中に知らないうちにある優生思想や偏見や差別について今一度考えたいと思いました。

◆ダウン症の娘が21歳となり、生み育てて良かったと思っています。人権と優生思想については関心のあるテーマです。学習するほど、奥深さ、難しさを感じます。娘を通して物事を考えることにより、価値観や人生観が変わって行きます。変わる前の自分のことを考えると、障害者に関わったことのない人の人権や優生思想、価値観が変わることの難しさも感じます。これからも学び、考え続けたいです。

◆「自分より能力の劣る人に優越感を感じる社会」「障害のあることがマイナスに評価される社会」という言葉が突き刺さりました。障害は無くても、仕事が早いだけで評価されるという現実があります。こうしたことが、ハラスメントにもつながっているのではと感じます。

◆お話をお聴きして、「優生思想」について知っているつもりでいたことを恥ずかしく思いました。差別問題と根強く関わっており、引き続き問題意識を持って学んでいきたいです。

【千葉支部パブリックビューイング会場】

◆この問題を全国大会レベルで真正面から協議できるのは、まさに全障研ならではの特別報告だと感じました。

◆これまで訴訟が時効で却下されてきたことをはじめて知りました。優生思想の問題を考えていくことの必要性がよくわかりました。

◆今なお残る優生思想についてもっと学びたいと思いました。自分の内なる優生思想にも向き合っていきたいと思います。

◆優生保護法が残した偏見や傷跡がどれほど根深いのか、また、教育においても優生保護の内容が教えられていたことは知らず、驚きました。教科書に書かれていることをすべて信じてしまうことの恐ろしさを感じました。自分の目で学び、自分の考えをもつことを、教師を目指すものとして、人として大切にしたいと思います。学習講座も楽しみに見させていただきます。

◆優生思想は、すべての差別問題につながるなぁと感じました。

◆安田さんのお話とつながるところもあり、胸に迫り、自分の生き方も含め問われたように感じました。

記念講演　安田菜津紀さん

「『みんなのねがい』表紙など
　　写真と共に考える人びとの人権、平和」

記念講演 p32〜33 にも一部感想が載っています。

◆安田さんが対話を大切にされ、人権や平和のことを深く考えられていることに、感動しました。今から私のできることは何かあるだろうか…子どもたちの人権を守ることを身近に考えていきたいと思いました。

◆『みんなのねがい』の表紙が好きです。写真一枚から届くメッセージを受け取りながら、日本で起きていること、世界で起きていることを考えるようになりました。

◆記念講演の安田さんのお話は、いい意味で裏切られた感がありました。 はじめはカンボジアやウクライナなど、少し遠い国のお話でした。大事なことだけど、少し遠い国の話…と思っていたら、名古屋出入国在留管理局の事件についてのお話。えっ、すぐ近くの名古屋のことやん・・・。 続いて、ご自身の出自について。許せないヘイトスピーチ。 学校にも、いろいろなルーツを持つ子どもがいます。「〇〇人」「〇〇に住んでいる」一人一人違う。一括りにしてはいけないな。当たり前のことだけど、普段、一括りにした思考をしてしまいがちだなあと思いました。知らず知らずのうちに傷つけている人がいるのだと、心しなければならないと思います。

◆8月6日という日に、このような講演を聴くことができ、感慨深い日となりました。

◆安田さんの丁寧なお話の仕方、内容の深さ、一人パソコンの前でしたがずっと集中して聴き入りました。

◆『みんなのねがい』の表紙の写真と合わせてのお話。胸にグッときました。

◆カンボジアの地雷で足を失った方の紹介で、戦争は戦時中だけでなく戦争が終わった後も続くことを、少数民族のロマの人々や在日コリアンの方々の紹介で、マイノリティーへの差別やヘイトの問題をあらためて考えるきっかけとなりました。

◆最近は多様性という言葉がよく使われていますが、差別というのは余程の想像力を持たないと意識できないのだと思います。 知らない、知ろうとしない事が差別になるのだと感じました。

【埼玉支部オンライン交流会】

【北海道支部
　札幌パブリックビューイング会場】

◆一つひとつの写真に物語があり人生があることを感じました。戦争は全くの無関係な市民に大きな傷をもたらすことを痛感しました。

◆武力を行使してもよくないことは明白ですが、今のウクライナの現状を口実とした「憲法改正」など自分たちの遠いところで起こっていることではないのだと感じました。

◆ご自身のお父さんが在日コリアンで生まれ育ってきたことを隠さなければ日本で生きてこれなかった、今もなお生きる事が保障されない日本・・・。この講演をきっかけに「自分には、私たちには何が出来るだろうか」と考えさせられました。この講演を通して、安田さんがますます大好きになりました！

◆社会のグローバル化が叫ばれる中で依然として外国人差別があります。あまりにも遅れていることが大きな問題だと思いますが、一部の問題としてしか取り上げられないのが残念です。

◆安田さんの著書『あなたのルーツを教えてください』、全障研のページで買おうとしたら、売り切れでした。限定サイン入りだったのに！！

◆安田さんはわたしの子ども世代です。世界中に起こっていることを自分に引き寄せ、自分事として考える行動力、共感力、洞察力に感銘しました。

◆「情報格差が、生命の格差につながる」という言葉にドキッとしました。ヘイトスピーチもロシアのウクライナ侵攻も、テレビなどの情報の度合でしか自分の中でも捉えられていません。どちらもテレビなどで聞き、自分も胸を痛めるけど、情報が減ってくると忘れていってしまう。でも現実はまだまだ現在も続いていて、苦しい思いや生命を落としている方もいます。

◆「戦争が終わっても関係のない人たちが傷つき続けている」との言葉がぐっと胸にささりました。戦争を知らないと目を背けず、ウクライナから学ぶこと、また今日学んだことを言葉にして伝えていかなければいけないと思いました。

◆平和じゃないと僕たち障害者が安心して生活できないことと憲法を守ることが必要だと思いました。

◆今回の全国大会に参加できなかったまわりの人たちにもぜひ聞いてほしいと思う素晴らしい内容でした。

文化交流企画　2022「かるたではなそう」

「カルタとりで話そうや
　　～ちょっときいてよ、この気持ち～」

◆みんなで楽しく見させていただきました。そして、兵庫に行きたかったなぁ…、現地で楽しみたかったなぁと改めて悔しい気持ちも感じました。それでも、ビューイング会場のみんなで「なるほどー」とか「ほんとだよねー」とかワイワイ見れたのでよかったです。

◆オンラインならではのいい企画でした。たくさんの人々を巻き込んで、兵庫支部を中心にして渦ができているのを感じました。

◆兵庫の皆さんが時間をかけて取り組んでこられたことが伝わりました。とてもあったかい気持ちが伝わってくる内容でした。

◆動画でのリアルな兵庫の活動の場の紹介、素敵でした。

◆どの読み札の内容も共感できるもので、よい企画を考えられたと思いました。赤木先生のくすっと笑えるお話、よかったです。書かれた人の思いも聞くことができ、とても良い時間が過ごせたと思いました。

◆自分の職場や地域の方々が、頑張っておられる姿や写真に元気をもらいました。

◆一人で家でパソコンに向き合っての視聴でしたが、他の参加者を身近に感じることができました。自分の職場の読み札が紹介されて嬉しかったです。

◆広い兵庫だと思いますが、各地でつながって準備を進められたのがよくわかりました。日々の何気ない実践の中で大切にしていることが、たくさんあることを改めて感じさせていただきました。

◆コニシ・シオンさんのバンド最高でした♡

◆読み札に「そういう思いある～」と感じることがたくさんあり、共感の連続でした。オンラインでも楽しめました。

◆最後の歌声とのコラボはイカしてました！

◆楽しかったです。「あるある」と思い共感。演出もよかったです。

◆短い言葉に込められた思いがひしひしと伝わってきた。

◆「教材にもなりそう」と思いました。そして、全体の構成もとっても素敵でした！！コロナ禍で集まれない中、さまざまに工夫してつなげる努力をされたのだと感心しました。

【奈良支部パブリックビューイング会場】

◆障害理解につながる取り組みを楽しく交流できるものにして、難しく考えずに共感できる活動になっていて、是非、日々の実践に活用させていただきたいと感じました。

◆カルタでありながらカルタでない、語りながらできるカルタが特別なのではなく、日常の中の声であることに共感が持てました。みんなで話そう、その作業がいかに大切かを思い返します。

◆笑えるカルタ、考えさせられるカルタ、とても面白いとりくみでした。自分たちでも作ってみたいです。気分が明るくなり、少し笑いが起こる内容で楽しかったです。

◆対等に、そしてお互いを尊重しあって話せる仲間の存在が大切なんだなと強く感じました。

◆どのカルタもとてもすてきでした！短い言葉の中に、読み手のみなさんの日々の生活が垣間見え、こんな短い言葉でたくさんの驚きや共感を得られるカルタはとてもいいなと感じました。

◆クスッと笑ったり、「そうそう」とうなずいたり、「そう来たか！」と驚いたり。皆さんの思いが心地よく響いてきて、とても楽しい企画でした。重度の障害をもつ子のお母さんたちのホンネには、ちょっと涙が…。

◆「お母さん」って呼んでほしいよね～。涙が出ます。

◆素直なまっすぐな声が心に残っています。

◆絵もユニークなものが多く感心しました。エンディングで全部紹介され全体が分かりました。

◆ゆっくり見たいなと思いました。

◆あれこれ話しながら作られ、描かれた様子が想像できます。そんな話ができる仲間がいるって素敵だなと思います。木下先生のお話のなかにあった、＜話すことは問題を「離す」こと、つまり、実践や子育てがうまくいかないで抱えているモヤモヤ感から距離をとって、ほっと一息つく効果がある＞、ということとカルタのとりくみがつながりました。

◆子どもの気持ち、親の気持ち、支援者の想いなど「そうだよな」と思うことがいろいろありました。絵もすてきでした。

◆きっとつらい気持ちを表現したであろう読み札もあったけど、「そうそう」と思ったり、「うちの園にもいるやん」と思ったり、心がドキッとしたり、心がぽっと温かくなったり、言葉にして共有することっていいなと改めて思いました。ついつい職場では、あーでもないこーでもないと長々と話をしてしまうけど、あの短い言葉に凝縮された思いにはかないません。子どもの気持ち、親の気持ち、先生の気持ち、それぞれの思いにじ～んときました。赤木先生と福元さんとのやりとりの進行も楽しかった。

【大阪支部パブリックビューイング会場】

参加者の声 ～学習講座～

◆ハイブリットでの学習講座の良さを実感しています。聞き漏らしたところ、理解不十分なところを何度も学べることはもちろん、複数の学習講座に参加できることを知りました。

「発達保障とは何か」（木下孝司さん）
◆小学校で障害児教育に携わるようになり10年を越えました。通常学級担任として出会った自閉症の特別支援学級在籍の子にどう関わればいいのか私がパニックになりそうだった20代前半、ベテランの先生に紹介されて知った全障研。発達の視点をもつことで自閉症の子と通じ合えるようになり、その姿を見たまわりの子ども達が変わる経験をしたことを昨日のように鮮明に覚えています。

　通級はアセスメントと称し、子どもを分断的に見てしまいがちです。必要な場面もあるかもしれませんが、「できないことをできるようにするだけではない、その子らしさを発揮させる豊かな実践」を2学期からも取り組みたいと強く思いました。

「人とつむぎ、織りなす日々のなかで　高齢期の発達」（張貞京さん）
◆たくさんのもみじあざみでの実践を紹介して頂きありがとうございました。もみじあざみで過しておられる方の作品はどれも魅力的で、鮮やかですてきでした。講座内で度々出てきた「共に生きる」ということは並大抵の月日で感じられることではないと思います。実践の中で、互いに支え合うことの大切さに気付かれている方々がいかにいろんなことをもみじあざみで経験し、感じてきたのかということがひしひしと感じられました。また、どんなに歳を重ねても、日々自分を更新していけるような新しい小さな刺激があることの大切さを感じました。

◆「発達保障」から教育の役割やあり方を考えられる講座でした。私は特に重症心身障害児に「すずむ文化」を教える授業が大変印象にのこりました。この授業にあるような、身近なことに目を向けてそれを学びとして取り入れる教材を考える教師の存在にあこがれるのとともに、障害のある子もない子に対しても、目に見える変化ではなく、彼らの心の中にある内側の変化に思いを馳せられる大人になりたいと思います。

◆本当に久しぶりにこういう講座を聞いて、ねがいに寄り添う実践を大切にしたいと思いました。支援する立場では、環境を整えたり、HowToを求めがちになってしまうのですが、もちろん正しい知識は大事だけれど、診断結果や発達段階だけで判断しないことですよね。「40歳超えてから、言葉がでてくるってそういうこともあるんだ。その人と長くつきあうことも大事だ」と思いました。

「ねがいひろがる教育実践」（川地亜弥子さん）
◆川地さんの講演、胸に刺さりました。子どものころにあからさまな差別があり、大人たちは「当然」と思っていることに対して、自分は「なんかおかしい」と感じていました。そのことが、「違和感を感じたことは何なのか」「どうあるべきか」「自分はどうしたらいいのか」と支援者になってからも悩み続けているいまの自分につながっています。

「障害のある人と社会保障裁判」（藤原精吾さん）
◆大学の授業では、このような障害者運動や社会保障にかかわるような裁判を扱うものがほとんどないため、初めて知ることも多く、とても勉強になりました。そして、全障研がこのような裁判にたくさんの関わりをもっていることも知ることができました。

　朝日さん堀木さんの裁判が当事者だけでなく、すべての人に影響力のある裁判であったことを知ることができました。

◆障がい者運動も勉強になりました。運動によって前進しているんだということをしみじみ感じます。

【長野支部パブリックビューイング会場】

はあとブリッジ
セレクション

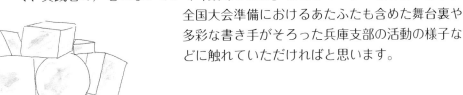

　兵庫支部では、毎月、「はあとブリッジ」という機関紙を発刊してまいりました。手前みそではございますが、毎月8ページの充実した原稿を掲載しております。ただ、他地区の方には、お見せする機会がございません。

　そこで、この場をお借りして、2021年7月号から2022年9月号までの「はあとブリッジ」のなかから厳選したものを掲載します。

　全国大会の準備に関する原稿が中心になっておりますが、それだけではなく、実践者の声をつないでいく「数珠つなぎ」などのコーナーもございます。全国大会準備におけるあたふたも含めた舞台裏や多彩な書き手がそろった兵庫支部の活動の様子などに触れていただければと思います。

　　　　　　　　　　　　　支部長　赤木和重

（毎月１回）　２０２１年６月２５日発行　第４１６号　兵庫支部ニュース７月号

連載　兵庫支部　全国大会のコーナー（第４回）

兵庫で３回目の大会につなぐ　～過去２回の大会の裏話を中心に～

兵庫支部顧問　河南　勝

　生涯に３回も全国大会の開催に準備委員としてかかわれるなんて、これは幸せな事なのか、「よくやるな～」ってことなのか？　自分としては前の２回と違ってちょっと距離を置いて楽しみな感じですね。
そこで、今回の連載では今までと少し違うトーンで、過去の２回の大会の裏話を交えながら、３回目の大会への期待をもってつないでみたいと思います。

■第23回大会（1989年）

　私は支部事務局長として支部活動を進めながら、大会では柳田さんが準備事務局長で私は準備委員会事務局長としてかかわりました。実は当時一人親でしたので、小3の娘を元町の事務所に連れて参加しました。会議中はおとなしく宿題をしたのを思い出します。この時の準備委員会のメンバーはそれぞれが仕事の面でも重要な立場にあり、個性的でした。当時は、ワープロが中心でそれぞれの持っている機種が見事に違って、全く互換性がないという一言で言うとバラバラな集団でした。それが、大会を成功させようという点で結束して大きな力を発揮したのですね。
　大会は当時日程が3日間でしたし、会場は学園都市で分科会の会場が小学校、中学校、専門学校、大学と分散するので、会場要員もたくさん必要でした。大会中の事務所は元町の古い旅館を借りて印刷機も持ち込んでの運営でした。「市民の夕べ」という催しも企画して地域の自治会の協力で盆踊りまでしました。また、最終日の閉会イベントではベトちゃんドクちゃんの執刀医チャン・ド・アさんの特別講演を藤本文朗先生の発案で急遽入れることになり、その対応もけっこう大変でした。ベト、ドクちゃんへのお土産を買いに行くことになり茂木委員長と私が文具を買いに行ったことも思い出します。

■第34回大会（2000年）

　この大会も、私は支部事務局長で、大会では同じく柳田準備事務局長、私が事務局次長として携わりました。震災から5年でようやく携帯も普及してきていました。もちろんパソコンも普及して大会では力を発揮しました。大会日程は同じく3日間で、分科会会場も学園都市でした。全体会の会場は前回と同じ神戸市立体育館でしたが、看板などは柳田さんの知り合いの先生の書で手作り感満載でした。前号で西堂さんから紹介されたように会場いっぱいに飾られたヒマワリの絵は県下各地で描かれたもので、圧巻でした。
　全体会の進行は若い藤松さんと中道さんが担当し、大会アピールは小山さんが読むなど、若い力が発揮されました。分科会会場は学園都市で、宿泊のJR神戸駅近くの四州園というホテルから早朝に車で準備に走りました。意外と大変なのが、弁当問題とごみの処理でした。分科会会場に弁当が時間通りに届かないという事態が発生し、参加者からの苦情の声が届くし、大汗かきながらの対応で振り回されました。
また、大会中に出たごみの処理に大会終了後もきょうされんの若い職員たちと車に詰め込んで西区のごみ処理場まで運び、終わったら暗くなっていました。

■第56回大会（2022年）への期待

　今度の大会は、今までの2回の大会とは大きく違った大会になりそうですね。コロナ禍で対面の大会ができるのか不安もありますが、ここ2年のオンライン大会でなくみんなが顔を合わせた大会が期待されています。ぜひそうなってほしいし、そのつもりで準備したいと思います。準備の段階はzoomでの会議、研修が当たり前の感じで、過去の大会とは全く違う様相です。新しい若いメンバーで過去の大会とは違った、この時代にあった取り組みや内容で成功させたいものです。もちろん過去の大会をつらぬく全障研らしい人と人のつながりを大事にした大会、兵庫らしいあたたかい雰囲気や伝統が発揮された大会にしていきましょう。

（毎月1回）　2021年7月30日発行　第417号　兵庫支部ニュース8月号

連載 兵庫支部 全国大会のコーナー（第5回）

　みなさん、こんにちは。兵庫障害者連絡協議会の柳田です。みなさんには、日頃から、障害児・者の保育・教育・暮らしや権利など保障のため、署名や募金など諸活動にご協力頂き感謝しています。

　来年は、いつ収束するか分からないコロナ禍の中で、兵庫で3回目の大会が開催されます。過去2回の兵庫大会開催での「思い出なり、準備を進めていく上で参考となること」の原稿依頼をされましたので、パソコンに向かいます。依頼に添えるかどうか分かりません。なにしろ、全く状況は異なりますから。

　私が、県都神戸市に住んでいるために、二大会とも、会場確保にあたって、県市との連絡や交渉、会場の学校との打ち合わせなど都合がよいだろうということで、準備委員会事務局長の役を引き受けました。「いいえ」正確に言えば、二度目は、一度目に最終段階になって、自分が何をやったらよいか分からなくなって、次の大会の下見に来られた北海道の準備委員の佐藤さんたちを、神戸が一望に見渡せる所に案内して回っていたという、最後まで責任が持てなかった心残りがあったからでした。

　一回目の大会開催のきっかけは、国際障害者年の期間にあって、神戸市から「89年にフェスピック大会にあわせた全国的な障害者問題の研究大会をしたい」との打診があり、私達の背中を後押ししてくれました。二度目は、95年の阪神淡路大震災の際、全国から寄せられた支援に対して感謝の気持ちを込めて、「元気にしています」という姿を見て頂く意味もあったと思います。

　初めて開催した23回大会で心に残り、これからも大切にしたいことは、準備委員会として「どんな大会にしたいか」、それは「大会テーマ」に表れますが、幾度も議論したことは、準備委員の「心を一つにする」ために一番大切なことだったと思います。神戸港は、核艦船を受け入れない唯一つの港として「神戸方式」を条例化し、ニュージーランドの核艦船の入港拒否にも影響を与えました。平和を守ることは、社会福祉、いのちや人権を守る最も大切な前提です。何度も何度も論議を重ね、大会テーマを決めました。「たしかめあおう わたしたちのあゆみ すすめよう 障害者の『完全参加と平等』 きりひらこう 人権・民主・平和の90年代を！」という長〜い大会テーマです。

　あと一つは、各担当部署の人の配置です。そして、大会当日に向けた工程表を部署毎に表にして確認し、各部署の創造的な自主性を尊重したと思います。実行委員会には、障害児教育の担任者や福祉施設の職員が多く集まりました。当時の学校や施設は、今日と比べれば、自由があり民主的な運営がされていました。夕刻には、事務所に借りた、西元町の山本ビル3階の6畳一間に集まってきました。諸部会が曜日を決め、交替で会議の前半で部会を開き、後半を、ある時は11時近くまで事務局会議を開き、各部署の責任者が進行状況を報告し合い、次の課題を明らかにし、全体の進行を把握することに努めました。

　3つめは、大会を開いた都府県では、疲れきって、その後の活動が停滞するところがあったと聞きました。それで、全障研兵庫支部が、力を蓄えるための大会にするということでした。全障研兵庫支部は、準備活動とは別に、県下各地で学習会を展開しました。2つの大会を通して、県下各地で多くの人達と出会い、仲間を増やすこともできました。私自身も多くの友人が出来、自分の世界を広げることが出来ました。喜びのあることでした。

　新型コロナ感染禍のもとでの大会準備は、密を避けながら、オンラインも使ってという、新たな準備となりますが、3つのこと、**「大会開催の意義＝どんな大会にするか充分な論議を」「全体の進行を見つめた各部署の自主的創造的な活動の尊重」「県各地で障害者問題の学習をすすめ、新たな友人を作る」**ことを、心にとめ、大会後には、兵庫支部にとっても自分にとっても、喜びを感じられる、一人ひとりが生き生きと学ぶ支部になっている、そんな準備活動であって欲しいなあと思っています。

　これから猛暑の夏を迎えます。コロナウィルス感染と熱中症に気をつけ、体調管理を行い、喜びの多い大会を迎えましょう。

（第23回・第34回全国大会 準備委員会事務局長　柳田 洋）

（毎月1回）　2021年10月29日発行　第420号　兵庫支部ニュース11月号

聞かせて，あなたの実践！

数珠つなぎ

★第6回★【長谷川琴美さん（豊岡聴覚特別支援学校）】

今回の「数珠つなぎ」は，前回の仲井さんからの推薦で，長谷川琴美さんにお話を伺うことができました。30分の予定だったのですが，ついつい聞き込んでしまい，60分という濃いインタビューとなりました。長谷川さん，ありがとうございました！

◆長谷川さんのご紹介

　　長谷川さんは，中学校で3年勤務されたあと，県立豊岡聾学校に転勤されました。中学部，幼稚部を経て、但馬地域の地域支援ネットワークづくりに尽力されました。現在は，豊岡聴覚特別支援学校寄宿舎の舎監長をされながら、学部の自立活動の授業にもかかわっておられます。

◆長谷川さんが語る印象的な実践

　　今回は，およそ24年前に初めて「障害認識」に取り組んだ実践について語っていただきました。

　　聴覚障害の生徒を担任した長谷川さんは，聴覚障害教育では、聞こえや発音の良さ、学力など、常に聞こえる人と比較することに違和感を感じるとともに、生徒たちは自分の障害を理解することの弱さがあり、自信が持てないでいると感じられました。

　　そこで，長谷川さんは「街に出る」実践をはじめられます。といっても，単なるフィールドワークではありません。先生が出す「指令書」に従って，街に出て指令を遂行するという冒険的活動です。その1つに，「1人でバスに乗って，降りたことのないバス停で降りる」活動がありました。3人の生徒が取り組んだのですが，その様子は三者三様で、しかも教室で見せる姿と違ったそうです。そのうちの1人、いわゆる「お勉強がよくできる」生徒は，なんと指定のバス停で降りられませんでした。この生徒さんは，補聴器での聞き取りが良く、発音もきれいで、学習もよくできました。そのため、開始前は自信をもっていたのですが、はじめての状況ではバス内のアナウンスを聞き取ることができませんでした。さらにほかの人に「尋ねる」こともできなかったそうです。この体験をもとに、自分にできる方法を考えたり、どんな社会支援があれば便利かを話し合いながら、体験を繰り返し、ようやく自分にできる方法を見つけてバス停で降りることができたそうです。その後、「街の中の知らない店で集合」といった活動や校外行事での公共交通機関の利用へと発展します。

　　これらの活動を通して，長谷川先生たちは，「聞こえないってどういうことなのだろう？　また，そのことはあなたが悪いの？」といったことを一緒に考えたり，障害者手帳や聴覚障害者の福祉サービスについて学んだり、また，地域に住む成人聴覚障害者（卒業生）に学校に来てもらって、仕事や生活のことを語ってもらう場を設けたりしたそうです。

　　こうして，狭い意味での「勉強」を越えて，自分のこと，未来のこと，社会のことを学ぶなかで，この生徒たちは，自分が学びたい，自分にあった学校や進路を選びとって高等部へ進学していったそうです。先ほど述べた生徒さんは両親を説得して聾学校高等部へ進学しました。さらに，この時の生徒さんは，3人とも，今も仕事を続けながら，充実して暮らされているとのことでした。

◆実践をふり返って

　　長谷川さんに，今回の実践の背景にある思いを尋ねてみたところ，「聞こえない自分をわかったうえで，聞こえない人として自分に誇りをもって生きていってほしい。」と語られました。

★長谷川さんのお話をうかがって：

　　障害理解は，教室の中の授業だけで行われがちです。でも，それでは頭のなかだけの理解で，本当の理解ではないのでしょう。だからこそ，長谷川さんは，社会に出て，社会との接点のなかで，障害を実感する機会を作ったのだと思います。同時にその障害を否定的に見ることのないように、モデルとなるような聴覚障害の大人のかたを学校に招いて社会との接点をつくられたのだろうな…と，感じ，障害理解の深さを感じる時間となりました。

（インタビュー実施・文責：赤木和重）

（毎月1回）　2021年12月27日発行　第422号　兵庫支部ニュース新春号

全国障害者問題研究会兵庫支部ニュース

ぜんしょうけん
ひょうごしぶ

はあとブリッジ新春号

兵庫支部のＨＰ（携帯・ＰＣ共通）：http://nginet-hyogo.jimdo.com/

《発行》　全障研兵庫支部　〒650-0016　神戸市中央区橘通1-1-2　TEL・FAX：078-341-6510
《発行責任者》　事務局長　早川一穂

＜支部長　新春あいさつ＞

短所

最近，寝るときに寒い布団のなかで，電子小説を読むのが日課です。もっとも疲れているときは，数行読んだだけで寝入ってしまいますし，はっきり言えば，そういう日のほうが圧倒的に多いのですが（笑）。最近，気に入っている小説家は，森沢明夫さん。ええ人ばっかり出てくるので安心して眠りにつけます。そんな森沢さんの本を読んでいるときに，次のような一節と出会いました。

ねえカッキー，人ってさ，長所で尊敬されて，短所で愛されるんだよ。だからどっちも大事なんだよ――。

短所を必死にごまかして，どこまでも隠し切ろうとしている人間は，愛すべきところまで隠してしまっているのかも知れない。つまり人間性の半分の側面しか人に見せないから，その人はとても小さく見えてしまうのではないだろうか。

森沢明夫『癒し屋キリコの約束』幻冬舎文庫　より

短所と組みあわさる言葉が，「愛される」なのです。びっくりすると同時に，そうだよね，と思いました。教育にいる私からすると，「短所」に組みあわさる言葉は，「改善する」とか「克服する」になりがちです。もしくは，その反対に，「短所には目をつぶって長所を伸ばす」など，放置・放任系の扱いになることもあります。両者は，全然違います。でも，短所を「能力」のモノサシで見ている点では，共通しているよな，と，この小説の一説に出会って感じました。

よく発達保障では，「人格を大事に」と言われます。その意味するところは様々ですが，その1つに，「短所を愛する／愛される」があるのかなと感じます。人をまるごととらえなければ，短所を愛することはできないからです。

いよいよ全国大会兵庫大会が行われる2022年になりました。短所も含めて愛しあえる，おおらかでいながら，深みのある大会を，一緒につくっていければと思います。どうぞよろしくお願いいたします。

赤木和重

（毎月1回）　2022年1月28日発行　第423号　兵庫支部ニュース2月号

連載 （第11回）

兵庫支部　全国大会のコーナー

　全障研に出会って30年以上が過ぎた事に、改めて気づいてびっくりしています。大学を卒業して働き出した障害のある人が暮らす施設の先輩職員の紹介でした。最寄りのバス停まで30分も山道を歩く必要があるけれど、車があれば20分で神戸駅に行くことができる施設。そこでは、夕食後にみんなが集まっておやつを食べたら7時には布団に入る。入浴は昼間に週3回。外出の機会もほとんどなく、おかしいなぁと感じることは出来ても、どうして良いかわからなかった1年目の私。先輩職員に誘われて田中昌人さんの本の読みあわせを始めました。どれくらい理解できているか？は今も自信はないですが、「どっちにする？」と選択肢を作って働きかけたら「嫌や！」がなくなった事を思い出します。

　1989年の兵庫大会では『ベトちゃん、ドクちゃん』の話しで、会場が熱気にあふれているのを感じながら楽しく参加をしました。その後も全国大会に、何回か参加し、「明日から、頑張ってみよう。」と仕事に向き合うエネルギーをもらいました。

　その後、今の職場であるいかり共同作業所に転職し、「きょうされん（旧共同作業所全国連絡会）」が全障研大会の中から誕生したことを知り、2000年の大会は、その後にきょうされんも兵庫県で全国大会をすることが決まっていて、きょうされんの人たちと一緒に大会のお手伝いをさせてもらいました。大会ニュースを印刷したり、配ったりした記憶が残っています。

　今回は2月のプレ企画をきょうされんも一緒にすることになりました。教育研修委員会で、どんなことを学びたい？からスタートをしました。『仲間のホントのねがいをつかむ　〜職員集団も揺れながら〜』障害のある人の困ったとなぁと感じる行動にどう取り組んだか、担当の職員だけではなく集団としてはどうだったかを振り返る実践報告から始まる、学習会です。「明日から、頑張っていこう！」障害のある人たちを支援する現場の職員が元気になる学習の場にしていきましょう。ご参加をお待ちしています。

いかり共同作業所　山本珠津子

連載（第12回）

兵庫支部　全国大会のコーナー

　全障研との出会いといっても、恥ずかしながら入会して数か月の私がここで語っていいのであろうか・・・という思いを抱きながら。

　もうずいぶん前から「みんなのねがい」も定期購読している、全障研出版の書籍ももっている。言いにくいが全国大会は今年度の静岡大会、学習会は行ったことがある。にもかかわらず、組合員勧誘の時、「全障研の大会に参加したことがある」という人には、「組合の考えと重なる部分が多いよね。全障研会員も多いよ。」などと平気でいっている。

　私は初任校の神戸養護で３年勤め、すぐ高等学校へ転勤したのだが、全く障害児教育のことはわからず、周りの先生たちをまねながらなんとか過ごした３年間だった。楽しい日々だったが、今思えばしんどかったのは自閉症の子どもとの関り。当時こだわりは徹底的につぶしていく・・・という指導が多かった。新米の私は、毎日こだわりを阻止しようとやっきになって、でもとめられず、阻止され続けて泣いている子どもと一緒に涙したことは数知れず。多分しんどかったのは、子どもではなく阻止するべきといった指導の在り方だったかもしれない。そんな昔ばなしを、勤務校の組合員と話したとき、「そういうとき全障研とあっていたらよかったのにね」と。そう原田先生が言った。今もよく覚えている。

　組合活動は、女性部活動から。子育ての時期と女性部での活動時期が重なり、仕事もプライベートも一生懸命に頑張る自分や仲間の要求を束ね実現に向けて声を上げることの大切さを教えてもらった。ジェンダーについても学習することで、ステレオタイプの自分が少し変わっていった。今まで当たり前と思っていたことが実はそうじゃないかも…と気づき立ち止まって考えるようになった。平和や憲法についても組合ではじめてしっかりと学んだ。好きな憲法の条文は11条。基本的人権は永久の権利として、現在および将来の国民に与えられる、と。現在はもちろんだが、未来の国民にも保証されているところに改めて感激した。

　組合活動に関われば関われるほど、皮肉なことだが学校で社会で子どもたちが、我々が、いかに人が大切にされていないかという現実に打ちのめされる。しかし、仲間とともにあきらめず訴え続けること、我々が学校や社会を変えるんだ！と、自分を鼓舞しながら。「あのとき、お母さんは、何をしていたの？」「先生は、何をしてくれたの？」と将来の子どもたちに問われたとき、ちゃんと答えられるように。

　今回神戸での全国大会実施にあたって、障教組からも　準備委員会に参加することになった。どうせするなら、と。いままで、そおっとのぞき見していた全障研にこの度入会した。定年目前にして大した実践もしてないのが恥ずかしいかぎりだが、みなさんとの交流の中でまた新たな気づきや学びがあることを楽しみにしている。全国大会成功に向けて、微力ながらお役にたてれば・・・。

いなみ野特別支援学校　中西　園枝

（毎月1回）　2022年3月28日発行　第425号　兵庫支部ニュース4月号

 3月6日プレ学習会報告！

　3月6日に，豊田幸博さんをお迎えして，堀木訴訟に関する学習会を行いました。豊田さんの正確な歴史的事実をもとに紡がれるお話に，一同，聞き入ってしまいました。ユーモアと優しさと人権侵害への怒りを感じる学習会でした。参加者の感想を紹介いたします。

●チラシには「ふら～っとラジオ感覚で」とありましたが、夕食のワインの酔いは吹っ飛び、聞き入りました。前半、豊田さんが裁判にかかわった経過や、堀木さんの生い立ち、時代背景、裁判に至るまでのくらしについてお聞きしましたが、そうしたことを知ることが、運動を理解しすすめるうえでとても大切だと感じました。堀木さんは生活保護を「つけたり消したりしていた」とのことでしたが、50年たった今でも「扶養照会をされたくない」とつけたり消したりしている方がいます。扶養照会については昨年厚労省も過ちを認めましたが、現場の理解はすすんでいません。国が「国民の権利」を認めようとしないことや財源次第であることも示していただきましたが、堀木訴訟が併給の突破口になったこと、障害福祉年金の増額、医療費助成など権利保障がすすんでいった事実に励まされました。心に響いたのは、豊田さんの署名への向き合い方。コロナが去ったら、がぶり四つで一人ひとりと話をしながら集めたいです。続編を期待しています！（★全障研全国事務局：高梨恵子）

●堀木さんの訴えが法改正へと国を動かした一方で、なぜか裁判は二審以降最高裁まで負け続けた。それは国側が「社会保障はあんたらの権利じゃない」という主張を貫き通すためである…という豊田さんのことばに大きな衝撃を受けました。このような判例を作ることによって、社会に「社会保障は権利ではない」という認識を植え付け、これからも切り捨て続けようとする為政者のやり方に腹立たしさを感じました。
　また、裁判の争点の一つ憲法14条の国側の解釈に対しては、「そもそも平等とは何か」という問いについてあらためて考える必要性を感じました。個々の多様な実態を無視して、財源を量的に等しく配分することが平等なのか。切り与えられる量が等しくなければ不平等だとする風潮には、障害や一人親等個々の実態を生産性（強者にとって有用性）の有無や自己責任の問題とする見方が植え付けられていることが示されているのではないか。それによって「社会保障は施しである」という捉え方が一般化しているのではないか。
　豊田さんは「学生が関わったことに堀木裁判の意義があり、社会保障制度の運動に繋がった」と話されていました。障害もない養育者としての経験もない当時の学生が、堀木さんに同情したのではなく、裁判を社会保障の運動へと繋いでいった背景に、堀木さんと"どんなことを共有した"のか知りたくなりました。そこに社会保障と権利の本質について考えるヒントがあるように思いました。またぜひお話をうかがいたいです。ありがとうございました。（★菅田恭巳さん）

●豊田さんのお話はとても丁寧でわかりやすかったです。思っていた以上の収穫がありました。中でも印象に残ったのが、一審判決後の控訴の意味。兵庫県は独自の児童養育見舞金条例を実施し、国は障害福祉年金と児童扶養手当との併給の為の法律改正をしている…にもかかわらず。何故「国」は控訴したのか。高裁、最高裁共、堀木さんは敗訴。豊田さんは"年金は国民の権利ではない"を示すための控訴だと言われていました。40年たった今でもそれが国民の権利ではない現状が…と。ハッとしました。私たちが本質をきっちりと学ぶことで見えてくるものがあると感じました。見抜く目を持たなければいけないことを。しかし、この裁判を通して制度が変わり、その後の障害者の生活が大きく変わったことも事実です。運動の大切さも合わせて感じられた有意義な学習会でした。（★佐藤雅子さん）

（毎月１回）　２０２２年４月２８日発行　第４２６号　兵庫支部ニュース５月号

聞かせて，あなたの実践！

★第12回★【松浦智子さん（神戸市・児童発達支援センター）】

聞き手＆文責（赤木和重）

◆松浦さんのご紹介

　中道さんからのご紹介で，長年，保育者として働かれている松浦智子さんにお話を伺いました。松浦さんは，大学卒業後，小学校や中学校で，教員として働かれていました。中学校では，特別支援学級の担任もされていたとのこと。その後，神戸に引っ越してこられたこともあり，神戸の児童発達支援センターに保育者として働きはじめたそうです。

◆松浦さんが語る印象的な実践

　様々なお話を伺いましたが，中心は「自由遊び」についてでした。ある時期に，異動した先のセンターでの自由遊びは，まさに「自由」という感じで，子どもたちがめいめいに遊んでいたそうです。松浦さんは，その自由さを認めつつも，子どものなかには十分遊べていない子もいるように感じたとのこと。そこで職員集団で話し合って，それぞれの子どもが自由時間にどのように過ごしているかを，確認したそうです。すると，「遊べている子は遊べている一方，ウロウロしているだけの子や，同じ遊びを続けている子，大人とだけ遊んでいる子がいる」状態が見えてきました。

　「今の状態でもいいけど，遊びが広がったらいいな」という職員集団の思いのもと，自由遊びを改善したそうです。「隙間に物を入れるのが好き」という子どもの姿に着想を得て，「駐車券遊び」を導入したり，かざぐるまが好きな子が多いので，かざぐるまや紙飛行機などができる「お店やさんごっこ」を行いました。設定保育ではないので，子どもたちは，参加の有無も含めて自由に参加します。かざぐるまそのものを楽しむ子もいれば，乗り物に付けて楽しむ子など，様々な遊びかたが展開していったそうです。なかには，かざぐるまを分解して，また元に戻すという遊びをする子もいたそうでした！

　松浦さんたちの自由遊びは，子どもの好きなことを大事にしつつ，その遊びが広がるような印象を受けました。そこで，松浦さんに，「なぜ，このような自由遊びを進めようと思ったのですか？」と尋ねました。すると，「『**大人はこう思ってるけど，子どもはどう思ってるの？**』**というコミュニケーションが自由遊びの醍醐味です。**」とのこと。深い！確かに，自由遊びではゆるく「こんな遊びどう？」と大人が提案できます。この提案に，子どもたちが応えていきますよね。そして，その子どもたちの応える姿を見て，保育者が学んでいく…そういうやりとりのプロセスを味わえるのが，自由遊びなのだそうです。

　実際，お花を栽培したときのこと。（クチャっとされるかな？）とも思いつつ，お花を園庭に植えたそうです。また，「観察記録」と称してフェンスに成長の記録の写真を掲示したりして，大人と子どもの会話が弾むように工夫したようです。そうするなかで，デイジーとビオラのお花を触って，その感触を比べるなど，大人が想定していなかった子どもたちの姿を「発見」できたそうです。ここに自由遊びの醍醐味があるのだとのことでした。

★松浦さんのお話をうかがって

　松浦さんの「自由遊びはコミュニケーションです」という話に目からウロコでした。自由とは，「１人で好きなようにする」ことではなく，「他者とのやりとりを通して，自分や他者を新発見・再発見していくプロセス」なのでしょうね。いやー，楽しい時間でした。松浦さん，ありがとうございました！

（毎月１回）　２０２２年４月２８日発行　第４２６号　兵庫支部ニュース５月号

連載 兵庫支部　全国大会のコーナー（第13回）

2学期から、新しい何かが始まる

山田優一郎（全障研兵庫支部元事務局長）

　最初に赴任した中学校（「施設内学級」）へ向う途中のバスの中での出来事でした。隣の小学校の先生から「これ、読んだことある？」と小さな雑誌を渡されました。「みんなのねがい」という、見たことも聞いたこともない妙なタイトルの雑誌でした。さっそく、職員室でページをめくってみると、すぐに全障研大阪大会の案内が目に飛び込んできました。障害児教育の世界にこんな研究会があるのか。中学校の社会科教師として採用された私には、それ事態が驚きでした。そこへ行けば、何か、実践の鉱脈がみつかるかも知れない。当時の施設内学級の担任仲間をさそって大阪に出かけました。入門講座の大きなホールは立ち見席までいっぱい。演壇にさっそうと登場してきたのはおかっぱ頭の若い娘さんでした。私は驚きましたが、その話の内容に釘付けとなりました。当時、大阪府立大学にお勤めだった長島瑞穂先生です。「障害児をこんなふうに見る理論があったのか。」先生のお話を聞きながら、何度も体がふるえました。そして、私はその日の帰り、3年間の約束で赴任していた障害児教育をそれ以後も続けることにしたのです。すなわち、それまでの迷いが吹っ切れ、社会科の教師には戻らず、定年まで障害児教育の道を行く意志を固めたのでした。ちなみに、この日の決意は、現在に至るまで一度も揺らいだことはありません。さて、全障研大阪大会から帰ってきた私たちが、さっそく始めたのは、「問題行動」（当時の表現）へのとりくみです。「『問題行動』は、発達要求のあらわれ」「そこには、子どもからのサインが含まれている」「だから、禁止ではなく変化を」──すべて、全国大会で学んだことでした。一日中、ひもをゆらしている重い自閉性障害の子がいました。その子は、ヒモをとりあげようものなら、形相をかえておそいかかります。また、自分の服をかみながら自傷をするので、シャツの前はいつもボロボロでした。禁止ではなく変化を・・・私たちは、教室にたくさんのヒモを用意しました。玉を通してヒモになる課題も用意ました。しばらくすると、その子が始業前に教室のドアの前で待つようになりました。そして、3学期の終わり頃には、ボロボロだったシャツの前がきれいになっていたのです。その後も、ずっと水遊びをして、教室中を水浸しにする子、自分の服を破り続ける子、わたしたちは、サークルや学年で何度も討議し、仮説をつくって実践し、失敗するとまた別の仮説をつくるということを続けてきました。どのような仮説をつくればいいのかわからなくても、夏になれば、全国大会があるのです。だから、毎年2学期から何か新しいコトが始まるのです。全国大会でネタを仕入れ、わくわくしながら9月を迎えるのです。私は健康上の理由で全国大会への参加にイエローカードが出るまで毎年このサイクルでした。

　「まためぐりくる　夏の日に　心ふるわす人がいる　あれがたしかに青春と　胸にまぶたに刻みこむ　全障研　君よ　八月に熱くなれ」（1989兵庫大会速報「子午線」）

　皆さん、今年もその日はもうすぐです。そこへ行けば、きっと、わくわくの2学期が待っています。

（毎月１回）　２０２２年６月２４日発行　第４２８号　兵庫支部ニュース７月号

＜プレ企画報告１＞

全障研大会プレ集会
原田文孝先生のオンライン講演会は
泣けてしまいました

「プレ集会を企画して欲しいんだけど‥」と、赤木和重支部長からていねいな電話があって（メールだ、ったか）、一日置いて思いついたのが原田文孝さんの講演でした。我ながら名案。原田さんの話は何度も聞いたことがありますが、この時期、改めて、しっかり聞いてみたいと思ったのです。ご依頼の電話をすると（これは確かに電話）、いつもの落ち着いた口調で「いいですよ」と言ってくれました。

原田文孝さんは、加古川市立加古川養護学校教諭として教員生活をスタートし、ずっと重症心身障害児を担任されました。県立いなみ野特別支援学校青野原訪問学級を最後に、2016年春に定年退職されています。障害の重い子どもたちを「生活の主体者」として捉え、その人生を支える姿勢は、多くの子どもたち、家族から信頼を集めました。2017年からは、NPO法人ささゆり会の代表者として、地域活動を担っていらっしゃいます。

5月22日（日）9時半開始。34名の方がZoom画面越しに参加されました。懐かしい旧知の友人。こんな機会にしか会えない遠方の方。初めてお目にかかる新人さん。多彩な顔ぶれに、原田さん人気を感じさせます。

原田さんは静かに語り始めました。

重症心身障害児者病棟。42歳から40年間入院生活を続ける佐藤さん。右片麻痺で、側臥位が多い。ベッドの柵に頭をつけて、柵を自分で叩いて、その振動を楽しむ生活。しかし、おむつ交換・着替えの時にからだに触れたり、かかわったりすると、大きな声を出して怒り、激しく手を噛む。

なぜ、佐藤さんは激しく怒るのだろうと、原田さん  は考えました。関わられることへの不安、恐怖。心の痛みをからだの痛みで紛らわせている。形骸化した介助行為。ひとりの人間、男性として尊重してほしい。何もかもがマニュアル化された病棟生活。

様々な拘束があり、あきらめの気持ちになっている。

佐藤さんは「愛されべた」なんだ。

「もっと、じっくり、ゆっくり体験したい。体験したことを意味づけたい、わかりたい」という佐藤さんの要求を「人生（生活）の喜怒哀楽をしみじみと味わえる」授業にして、受け止めます。

授業「男前になろう」。①温かいおしぼりをつくることを伝える。②おしぼりで手や顔を拭いて、気持ちよさを伝える。③電気カミソリで髭を剃ることを伝える。④スキンクリームを塗る気持ちよさを伝える。⑤鏡で「男前」の自分を見て確かめる。

鏡に映った自分を眺め、まんざらでもない、確かに男前になったなあ、と穏やかに微笑む佐藤さんの姿がありました。この後、授業は「足湯に入って演歌を楽しもう」に発展します。

「冬、週2回の入浴なので、冷たい足をしている。温かいお湯の気もちよさと結びつけて、お風呂文化を伝えようと考えた。温泉・お風呂文化は、温かいお湯に入ってリラックスし、他者と話をしたり、歌を歌ったりしてリフレッシュするイメージである。生活年齢を考えて演歌を歌うことにした。」と原田さんは語りました。

重い障害をもって生まれ、医療環境で長く過ごし、愛されて生きる実感を失っていた佐藤さん。その彼が微笑みを絶やさない人として過ごすようになりました。

教員生活を終えた原田さんは語りました。

「私は、重症児者病棟でくらす佐藤さんたちの人生について考えていました。ザ・ナターシャ・セブンの「私に人生と言えるものがあるなら」をよく歌っていました。笠木透の詞は「あなたとすごしたあの夏の日々」と続きます。私は、佐藤さんに「あなたとすごしたあの訪問学級の日々」と感じてほしいと思っていたのです。」

今回の講演会のあと、参加者の多くが♪わたしに人生が‥と歌っていたんじゃないかと思い、私は微笑んでしまいました。（三木裕和、文も似顔絵も）

（毎月１回）　２０２２年７月１５日発行　第４２９号　兵庫支部ニュース８月号

全国障害者問題研究会兵庫支部ニュース

ぜんしょうけん
ひょうごしぶ

はあとブリッジ 8月号

兵庫支部のＨＰ（携帯・ＰＣ共通）: http://nginet-hyogo.jimdo.com/

《発行》　全障研兵庫支部　〒650-0016　神戸市中央区橘通 1-1-2　TEL・FAX : 078-341-6510
《発行責任者》　事務局長　早川一穂

＜リレートーク＞

3回目の兵庫大会

　先日、全国事務局の薗部さんから「3回リアルに大会準備活動できた人って、屈指の人です。」と言われました。私、今回が3回目の全国大会開催準備になります。

　前の大会は、1989 年の希望者全入運動最中の大会で、準備委員のワープロ（当時は PC でなくワープロでした）の機種が全てバラバラという個性豊かなメンバーで準備しました。
2000 年の大会は、市川禮子さんの記念講演、阪神大震災後の復興のシンボルとしてひまわりの絵を会場いっぱいに咲かせました。どちらの大会も 3000 名規模の大成功でした。大会準備の事務所をかまえ、大会中は泊まり込んでの活動でした。

　3 回目の今回は、今までとは大きく様変わりした大会です。とくに対面とオンラインのハイブリットになることです。以前の支部活動とは違い、準備過程でのプレ企画が発達の学習と実践を深めることに力を入れた充実したものだったこと、レポート作成の学習や実践内容の交流ができたことは、大会後にもつながります。対面の良さが発揮しにくい準備活動や大会運営になりますが、逆にハイブリットで新しい可能性や展望を開く大会にしたいものです。

　安田さんの講演は、「あなたのルーツを教えてください」の本にもあるように、ヘイトに対する裁判闘争をするに至った彼女の考えの根本には「優生思想」に負けない社会をつくりたいという熱い想いがあります。藤原先生は「優生保護法裁判」の弁護団長として障害者の人権を守る思想と歩みを重ねて語られると思います。ウクライナ侵攻にみられる戦争こそが、障害者をはじめ高齢者や女性などをないがしろにする「優生思想」そのものです。内容的に今の時代にふさわしい全体会が期待できます。大会を成功させることが、私たちの分野での大きな「たたかい」だと思います。

　いつの大会をとっても、成功させる基本となる取り組みは一緒です。

　　一つは、大会の意義や魅力を自分の言葉で語り伝えることです。

　　二つには、今までのつながりや新しつながりを生かして、一人ひとりにていねいに呼びかけることです。

　　三つには、何よりも自分が学び、職場やなかまと一緒に楽しむことです。

　そして、やっぱり成功させること、成功と感じる取り組みにすることです。成功させることで、一人一人にとって、また兵庫支部にとって、強くなり、自信になり、財産になると思います。大いに楽しみながら最後まで大会成功に向けて頑張りましょう！

（支部顧問　河南　勝）

（毎月 1 回）　２０２２年８月２６日発行　第４３０号　兵庫支部ニュース９月号

全国障害者問題研究会兵庫支部ニュース

ぜんしょうけん
ひょうごしぶ

はあとブリッジ9月号

兵庫支部のＨＰ（携帯・ＰＣ共通）: http://nginet-hyogo.jimdo.com/

《発行》　全障研兵庫支部　〒650-0016　神戸市中央区橘通 1-1-2　TEL・FAX : 078-341-6510
《発行責任者》　事務局長　早川一穂

＜リレートーク＞

「久しぶりに話そうや，私たちのねがい」は「兵庫らしく」さらに続く

　８月 6,7 日の全国大会は無事終了しました。対面での大会を前提に準備を始め，新型コロナウィルス感染症の拡大状況を見つつ，全体会，分科会のありようを模索し，最終的には全体会は，兵庫県在住・在勤の方に限定した形になりました。準備委員会の皆さんの献身的な努力とともに，それぞれの持ち味をしっかり発揮していただき，参加者アンケートには「兵庫らしい」全体会でしたという感想が多く寄せられています。

　堀木訴訟から始まる障害者の権利保障の取り組みは，まさに兵庫発のものであり，それを牽引されてきた藤原先生の特別報告（原稿）とそれを力強く代読した河南先生はまさに「兵庫らしい」ものでした。弱者を切り捨てる優生思想と決別するための運動は，安田菜津紀さんがご自身の活動において大切にされてきたものと重なる内容ではないかと思います。グローバルな視点で考えつつも，一人ひとりのねがいを大切にすることを，肩の力を抜いて，身近な毎日の生活においてとらえ直すことは，文化交流企画「カルタづくり」において体現されたものであり，それも「兵庫らしい」ものでした。

　準備委員会のメンバーを中心に，最終盤，大会参加の呼びかけを進めました。まさに大会テーマ「久しぶりに話そうや，私たちのねがい」の実践でした（結果，兵庫参加者 245 名，和歌山 38 名，大阪 115 名，奈良 30 名，京都 81 名，滋賀 36 名）。この対話と連帯の呼びかけは，大会後も是非とも継続したいものです。この大会で，もっと話をしたいと高まった要求をエネルギーにして，ポスト企画をゆったりじっくりと進めていきましょう。

木下孝司

後援・協賛団体一覧

（順不同）

■ 後援 ■

兵庫県／神戸市／兵庫県教育委員会／神戸市教育委員会／兵庫県社会福祉協議会／神戸市社会福祉協議会

■ 協賛 ■

日本障害者協議会／障害者の生活と権利を守る全国連絡協議会／きょうされん／全国肢体障害者団体連絡協議会／全国手話通訳問題研究会／全国障害者とともに歩む兄弟姉妹の会／全国心臓病の子どもを守る会／全日本視覚障害者協議会／全日本ろうあ連盟／日本自閉症協会／日本知的障害者福祉協会／日本てんかん協会／人間発達研究所／公益財団法人ひかり協会

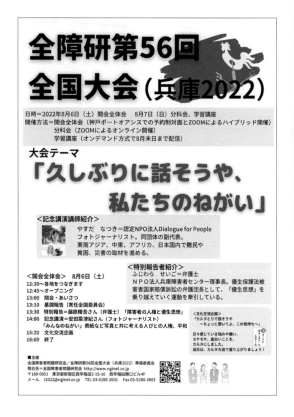

■ かるた協力団体 ■

あおぞら生協クリニックこぶし教室
NPO 法人ささゆり会
いかり共同作業所
COCO 育
こるもっきる
神戸大学付属特別支援学校
障害児を育てる親の会虹の会
つくしっこ園
兵障協
放デイ Ange
放デイエントランス
アートスペース IPPO
なでしこの里

【かるたデザイン】
カワサキナツミ
福元恵海

【動画編集】
佐藤ヨシテル（コーポ中岡）

【エンディングテーマ】
"Determination/Seasoning"
コニシ シオン
ナカムラ ユウト
シゲヨシ カイシン
映像：アラキ タイガ

編集後記

日本で一番短い国道の脇に神戸税関があり、その隣にハイブリッド配信会場となった神戸ポートオアシスがある。コロナ感染は想定をはるかに越え、会場参加者も現地スタッフもインターネットでつながる1200人が緊張した。ネット配信の舞台裏＝櫻井事務局長とわたしはパソコン通信時代からの盟友だが、言葉にならない責任を感じた。翌日の15の分科会はオンライン。オンデマンド配信の４つの学習講座、翌日からの開会全体会「見逃し配信」は1000を超えるアクセスがあった。たくさん寄せられた参加者からの感想、意見に兵庫大会成功の確かな手応えを感じた。

当日会場ではじめて顔を会わせることができた準備委員も総括会議は再びオンラインとなった。でも、優しく愉快なみんなの笑顔は輝いている。さまざまな困難は、つぎへの発達を育んでくれる。　　　　　　　　　　　　　　　（薗部英夫）

「**画**面の向こうに人がいる」、これはパソコン通信時代の言葉。絵文字も写真もない文字だけのコミュニケーション。ともすると画面に表示される字面だけで、過激なやりとりになりがちな仮想空間にあっても、ネットワークの先にいる「人」を想像しなさいという戒めの言葉でもあるし、通信ネットワークをうまく活用するための心得でもある。

今回、全障研として初めて自前でハイブリッド大会を開催した。会場参加者とオンライン参加者との間には温度差が生まれる。両者の違いを埋めて、一体感をつくるには、参加者の想像力とつながりたいという心持ちが必要になる。時代が変わり、通信のインフラ整備が進み、高速通信環境が広く普及しても「画面の向こうに人がいる」のである。

それでも、対面での大会開催が待たれる。オンラインでのつながりは、対面でのつながりを絶やさないためのものなのだから。　　　（櫻井宏明）

全障研の専従職員になり、初めての全国大会。大会準備期間に任された主な業務は、受付フォームと参加費の管理である。６月１日から大会受付を開始したが初週は１日に十数件の申し込みしかなかった。このペースで大丈夫な

のか、と少し不安になった。しかし、兵庫大会準備委員会を中心とした呼びかけの成果を日に日に感じるようになる。全国から1200人を超える参加者が集まるとは、想像できなかった。

申し込み時に「全国大会のことを何で知りましたか？」という質問項目があった。それを見ていると、「友人、知人」を選択している人が大勢いた。これに全障研らしさを感じた。周りの同僚、仲間、知人に声をかけ、一緒に学び、深め合おう、という思い。人と人のつながりを大事にしてきた団体なんだなと改めて感じた。私もその一員として、これからたくさんの人と出会い、つながっていきたいと思う。　　　　　　　　　（横山園佳）

１日目の開会全体会の文化行事を、「す」から始まる読み札を考えながら見ていた。対面での集会なら一緒に参加している仲間や隣の人と「僕の『す』は…」なんて喋りながら見ていたに違いない。オンラインだとどうしても即興性や余白の時間が失われる（と思っている）。だけど今回、たとえ会えなくても自分の思いを誰かに伝えたいという兵庫の方々の熱に打ちのめされた。人の思いはオンラインを越えると目の前で教えられた。

だからといってオンラインは好きになれない。オンラインの利便性を押さえつつも、オンラインでなくても「好きな時に好きな場所で好きな人と会いたい」ということを諦めたくはない。

（社浦宗隆）

みんなのねがい１月臨時増刊号（通巻685号）
　　　　　　　　　　2023年１月15日発行
編集責任者　塚田直也
発　行　人　越野和之
発　行　所　全国障害者問題研究会出版部
　　　　　　東京都新宿区西早稲田２−15−10
　　　　　　西早稲田関口ビル４F
　　　　　　電話　（03）5285−2601
　　　　　　FAX　（03）5285−2603
　　　　　　www.nginet.or.jp
印　刷　所　株式会社　光陽メディア

ISBN978-4-88134-067-7

C3037 ¥2000E

9784881340677

定価 2,200円

（本体2,000円＋税）

1923037020003

全国障害者問題研究会